"Escuchen, Hollywood, *Vogue* y MTV... ¿qué pasa si están equivocados sobre las mujeres fuertes y la sexualidad? ¿Qué pasa si las mujeres de hoy buscan una belleza que no necesita de una pasarela? Las mujeres anhelan algo más profundo que la moda y echarse el cabello hacia atrás. Kristen y Bethany han respondido a ese reclamo en *Una chica definida por Dios*. Como madre y firme defensora de la feminidad, estoy entusiasmada de poder poner este libro en manos de las mujeres y las jóvenes que aconsejo".

**Mona Corwin**, autora de *Table for Two*
y *The Unstoppable Generation*

"Redefinir el género es un tema candente, que los padres, los líderes de iglesia y los consejeros deben abordar en nuestra cultura moderna. *Una chica definida por Dios* es una herramienta útil para las jóvenes y las mujeres que luchan por entender su feminidad tal como Dios la define. Las autoras dan a conocer sus luchas personales y ofrecen soluciones que se encuentran en la Palabra de Dios. Un análisis claro del problema prepara el escenario para una enseñanza de las Escrituras orientada a la solución. La sección de aplicación personal al final de cada capítulo lo convierte en una herramienta de estudio práctica para uso individual o grupal. Será un recurso útil para las consejeras bíblicas".

**Randy Patten**, director de capacitación emérito
de la Association of Certified Biblical Counselors
y Fundador de TEAM Focus Ministries

"*Una chica definida por Dios* es un libro que habría devorado cuando estaba iniciando mi propia búsqueda de la feminidad. Anhelaba leer algo escrito por mujeres jóvenes que no estuvieran satisfechas con que Jesús fuera un complemento en sus vidas culturalmente cómodas. Este es ese libro. Léelo y encuentra el coraje para ser una mujer que se niega a dejarse definir por otra cosa que no sea el diseño hermoso de Dios".

**GraceAnna Castleberry**, esposa de pastor y colaboradora
de Council on Biblical Manhood and Womanhood

"Con ejemplos pertinentes y aplicaciones prácticas, Kristen y Bethany han escrito un libro excelente, que busca alentar a las mujeres a encontrar su identidad, satisfacción y propósito solo en Cristo".

**Amanda Peacock**, esposa, madre, escritora y
conferencista ocasional sobre feminidad bíblica.

# UNA *Chica* DEFINIDA POR DIOS

# UNA *Chica* DEFINIDA POR DIOS

El diseño radical de Dios para la belleza, la feminidad y la identidad

KRISTEN CLARK
& BETHANY BEAL

EDITORIAL
PORTAVOZ

La misión de *Editorial Portavoz* consiste en proporcionar productos de calidad —con integridad y excelencia—, desde una perspectiva bíblica y confiable, que animen a las personas a conocer y servir a Jesucristo.



Traducción: Rosa Pugliese



Las cursivas en los versículos bíblicos son énfasis de las autoras.

EDITORIAL PORTAVOZ
2450 Oak Industrial Drive NE
Grand Rapids, Michigan 49505 USA
Visítenos en: www.portavoz.com

ISBN 978-0-8254-5932-0 (rústica)
ISBN 978-0-8254-6844-5 (Kindle)
ISBN 978-0-8254-7678-5 (epub)

3 4 5 edición / año 29 28 27 26 25 24

*Impreso en los Estados Unidos de América*
*Printed in the United States of America*

A nuestras tres hermanas menores,
Ellissa, Rebekah y Suzanna,
que siempre sean mujeres que solo
se dejen definir por Dios.

# CONTENIDO

PARTE 1

# UNA FEMINIDAD EQUIVOCADA

# 1. INTIMIDADAS POR LA MALVADA LISTA DE REQUISITOS

Mi corazón latía con fuerza dentro de mi pecho. Yo (Kristen) giré lentamente la perilla de la puerta grande de vidrio. Girar una perilla de metal con manos sudorosas nunca es fácil. Cuando la moderna oficina apareció a la vista, con sus paredes blancas y brillantes, y sus muebles negros, vi a una mujer de unos cuarenta años de cabello castaño oscuro sentada detrás de un escritorio. *Debe de ser ella* —pensé—. Al oír el sonido de la puerta que se abría, giró en mi dirección.

—¡Hola, muchacha! Entra —dijo con una sonrisa en sus labios brillantes—. Tú debes ser... ¿Kristen? Extendió una mano, y me di cuenta de sus uñas coloradas, sus pulseras llamativas y sus anillos ostentosos.

—Sí, muchas gracias por recibirme. Realmente aprecio su tiempo —contesté en un tono tranquilo, tratando de esconder mi extremo nerviosismo. El tipo de nerviosismo donde, por fuera, te ves como una playa serena, pero, por dentro, eres un huracán de categoría 5. Esa era yo.

—¡Vaya! Creo que eres la joven más alta que he entrevistado

en mi vida —dijo con sus ojos marrones que me miraban de arriba abajo—. Podrías ser lo que estamos necesitando. Entra y toma asiento.

Me senté en una silla de cuero frente a su escritorio y me crucé de piernas. Esperé en silencio durante unos segundos (que parecieron diez horas) mientras ella hurgaba entre algunos papeles. Tenía la boca seca en ese momento. Eché un vistazo a la oficina con el deseo de encontrar un poco de agua.

Me senté en una silla de cuero frente a su escritorio y me crucé de piernas.

—Bueno —dijo finalmente, levantando la vista de su escritorio—. Como ya sabes, mi nombre es Jessica Brown y soy la dueña de esta agencia de modelos. Estoy entusiasmada con la posibilidad de que te unas a nuestro equipo. Déjame explicarte cómo funcionan las cosas aquí...

En ese mismo momento, Bethany estaba sentada en una silla similar al otro lado de la ciudad, y una agencia de modelos completamente diferente la estaba entrevistando.

## La entrevista de modelaje de Bethany

—Hola, mi nombre es Jeff. Toma asiento, por favor —dijo sin expresión alguna. Yo (Bethany) me senté lentamente en una silla de felpa color canela.

*¡Qué personalidad tan seca!* —pensé—. *Esto va a ser interesante*. Eché un vistazo a la oficina. Inmediatamente, mis ojos se fijaron en la pared cubierta de imágenes detrás de Jeff. Cientos de fotos de modelos femeninas llenaban la pared de arriba abajo. Examiné las fotos y comencé a notar una temática inquietante. Todas las modelos llevaban puesto un "atuendo" diminuto, casi rozando la desnudez. En realidad, "atuendo" sería un término generoso para lo que estas mujeres llevaban puesto.

—Muy bien, primero completa este cuestionario y avísame cuando hayas terminado —dijo, y me trajo de vuelta a la realidad.

Tomé el formulario y le agradecí. Mi corazón empezó a latir un poco más rápido. Ya no estaba nerviosa por conseguir el trabajo. Estaba nerviosa por cómo iba a terminar la entrevista. Jeff me asustaba un poco. No, me asustaba bastante. Lo último que quería era que mi imagen se convirtiera en una nueva incorporación a su empapelado.

Abrí el formulario y rápidamente revisé las preguntas de la primera página.

"¿Qué tipo de modelaje te interesa más?", era la pregunta inicial. Mi corazón se aceleraba mientas exploraba las opciones:

A. Modelo de traje de baño
B. Modelo de lencería
C. Modelo comercial
D. Otros

*¿Eh... no hay una opción E?* Con las manos pegajosas (¿por qué siempre me sucede eso?), tomé la pluma y pasé a la siguiente pregunta.

## Un camino intrigante

Aunque no lo creas, convertirnos en modelos nunca fue un gran sueño para ninguna de las dos. Era más una vaga idea. Un camino intrigante para explorar. Un futuro glamoroso para imaginar. Lo que nos trajo a estas entrevistas comenzó con una pequeña semilla hacía muchos años. Un pensamiento sembrado. Una idea mencionada. Esa semilla echó raíces y creció lentamente en nuestros corazones durante muchos años. Retrocede en el tiempo con nosotras diez años para ver dónde comenzó todo.

## Yo, ¿una modelo glamorosa?

Era una cálida tarde de verano en Texas. (En otras palabras, hacía treinta y siete grados centígrados). Yo (Kristen) estaba caminando con mi mamá por un centro comercial al aire libre. Era alta para mi edad (doce años en ese momento) y delgada, y tenía el cabello fino y rubio que me llegaba a la altura de los hombros. De repente, una mujer de cabello castaño, que llevaba puesto un traje gris a rayas y tacones de color rosa, se nos acercó con una gran sonrisa.

—Disculpen —dijo—. Las vi pasar caminando, y tenía que preguntarle. ¿Su hija hace modelaje? Esta desconocida y extrovertida mujer de mediana edad miró a mi mamá y luego fijó su mirada en mí.

Sonreí y dije tímidamente que no, luego miré a mi mamá. *¿Una modelo?* —pensé—. *¿A mi edad?* La mujer sacó rápidamente una tarjeta de presentación de su chaqueta y se la entregó a mi mamá.

—Tus piernas largas y tu cabello rubio serían buen material para modelaje —dijo entusiasmada. Se presentó y nos explicó que ella y su marido trabajaban específicamente con modelos jóvenes, entre diez y dieciséis años, y las preparaban para una carrera dentro de la industria. Tenían una gran casa en Dallas y muchas de las jóvenes reclutas vivían con ellos. Nos dijo que sus modelos trabajaban para las agencias más grandes de Dallas y estaban camino a convertirse en supermodelos.

> Aunque no lo creas, convertirnos en modelos nunca fue un gran sueño para ninguna de las dos.

—Además, se les paga muy bien —dijo en un tono más serio.

Le preguntó a mi mamá si nos interesaría ir a su casa para evaluar la oportunidad. ¡Incluso me ofreció una habitación y dijo que podía vivir en su casa si estaba interesada! Me di cuenta de que mi mamá estaba un poco sorprendida y halagada por la oferta. Al final, la declinó amablemente y le explicó que una carrera de modelaje no era lo que ni ella ni mi papá tenían en mente para mi futuro.

—Al menos, háblelo con su esposo y piénselo un poco más —la mujer insistió.

—Lo pensaremos —dijo mi mamá, y sonrió. Le agradecimos y nos alejamos para continuar con nuestras compras.

Nunca había pensado en ser modelo hasta ese momento. ¿Una modelo *real*? ¿Una modelo *hermosa*? Una semilla de curiosidad echó raíces en mi corazón ese día. Por primera vez, me pregunté cómo sería la vida de una modelo glamorosa.

## "Cabeza de casco" y "joven hebilla"

Mientras Kristen se imaginaba su vida como modelo algún día, yo (Bethany) todavía estaba inmersa en ser una niña. Era dulce e inocente y me importaba muy poco verme "bonita". Aunque solo soy un año y medio menor que Kristen, no estaba interesada en crecer tan rápido.

Con mi cabello corto y rizado, las cejas parcialmente unidas, anteojos grandes y sin algunos dientes, seré la primera en admitir que no era alguien que atrajera miradas. Si alguien me hubiera dicho entonces que algún día tendría una entrevista para trabajar de modelo, lo habría mirado de reojo.

*Por primera vez, me pregunté cómo sería la vida de una modelo glamorosa.*

No fue hasta que Kristen comenzó a prestarle más atención a la ropa y al cabello, que sentí curiosidad por la belleza. Las hermanas menores quieren ser como sus hermanas mayores. Aunque el nuevo interés de Kristen en verse bonita se hacía cada vez más fuerte, aún no sabía muy bien cómo ponerlo en práctica. Cepillarse el cabello, hacerse una cola de caballo bien tirante y luego rociar su cabello con laca fijadora era su versión de estar a la moda. De hecho, se rociaba el cabello con tanta laca que le pusieron por sobrenombre "cabeza de casco". Nuestra familia todavía bromea y le dice que parecía tener un casco sobre su cabeza.

En los meses siguientes, finalmente desarrollé mi propio interés por la belleza y decidí probar algunos estilos "de moda" por mí misma. Un día, antes de ir a la iglesia, abrí un paquete de hebillas de metal para el cabello. En vez de usar una, dos o incluso tres, pensé que se vería bien si me ponía todo el paquete. Después de sujetar bien mi cola de caballo (sin laca fijadora), puse decenas de hebillas brillantes a ambos lados de mi cabeza (por eso no necesité laca fijadora). Si tan solo hubieras podido ver mi cara de satisfacción... Sí. Abran paso a la "joven hebilla". Salí pensando que era la joven más *sexy* del planeta.

> Comenzó a formarse en nosotras el deseo de ser hermosas y valoradas por las personas a nuestro alrededor.

Kristen y yo siempre nos reímos cuando recordamos nuestra infancia. Quizás, tú también te ríes de la tuya. Pensábamos que éramos totalmente geniales y modernas cuando se trataba de nuestras elecciones de moda. Aunque éramos jóvenes y no sabíamos nada de la moda, algo estaba cambiando en nosotras. Comenzó a formarse en nosotras el deseo de ser hermosas y valoradas por las personas a nuestro alrededor. Empezamos a notar las caras bonitas en los carteles, las mujeres sensuales en las portadas de las revistas, el cabello perfecto en los comerciales de champú, las modelos esqueléticas en los carteles del centro comercial. Veíamos esas cosas y nos gustaban. Esas imágenes satisfacían nuestro deseo interno de ser hermosas... ser femeninas... ser mujeres.

La cultura secular predominante nos atrajo con su versión de feminidad, su percepción de romance, su idea de familia, su explicación del éxito.

Poco a poco, la corriente sutil de la ideología de nuestra cultura formó nuestra perspectiva de la feminidad.

## ¿Soy tan bonita como Sally?

¿Recuerdas cuántos años tenías cuando comenzaste a preocuparte por ser bonita?

Cuando somos niñas, parece que la primera inseguridad que tenemos gira en torno a nuestra apariencia. Luego crecemos un poco y nos preocupamos por nuestros talentos. Luego, por nuestros trabajos, nuestros esposos, nuestros hijos, nuestras casas, nuestro éxito. En general, por cuánto valemos.

Siempre nos preguntamos si somos suficientemente buenas, si tenemos todo bajo control. Lo que comenzó con un simple "*¿Soy tan bonita como Sally?*" cuando teníamos doce años se convierte en una crisis de identidad cuando tenemos treinta.

Desde que éramos niñas hasta ahora, nuestra cultura nos ha alimentado con mensajes acerca de la feminidad. Cada una de nosotras tomó nota de lo que nos pareció bien. Incorporamos una lista interminable de requisitos sobre la identidad: *¿De eso se trata la feminidad? Entendido. ✓. ¿Debo ser así de flaca? Entendido. ✓. ¿Debo tener una carrera exitosa? Entendido. ✓. ¿Tengo que casarme cuando soy joven… más grande… nunca? Entendido. ✓. Eso creo.*

Desde el primer momento en que una mujer cuestiona su identidad, comienza a preguntarse sobre su feminidad y si es suficientemente mujer. Nuestra malvada lista de requisitos sobre la identidad siempre está creciendo, pero lo que complica aún más las cosas es que las reglas siempre están cambiando. Un año, nuestra cultura nos anima insistentemente a casarnos a determinada edad. Cinco años después, ¡la edad cambia! Un año se nos considera exitosas si nos graduamos con una diplomatura. Varios años después necesitamos una maestría para ser consideradas realmente exitosas. Un año, la cultura afirma que deberíamos tener bebés cuando somos más jóvenes. Cinco años después, debemos esperar hasta ser más grandes o evitar por completo la maternidad.

La lista es interminable. ¿Cuándo somos, como mujeres, suficientemente buenas? ¿Qué se necesita para convertirse en una mujer "completa"? ¿Cómo es la verdadera feminidad? ¿Qué significa ser exitosa? ¿Qué tan bonita es suficientemente bonita? ¿La felicidad y la satisfacción son una realidad o solo un sueño?

*Desde el primer momento en que una mujer cuestiona su identidad, comienza a preguntarse sobre su feminidad y si es suficientemente mujer.*

Millones de mujeres como tú, como nosotras, se han hecho estas mismas preguntas por mucho tiempo. Hemos intentado todo lo que sabemos hacer, pero no funciona. No estamos satisfechas. No estamos contentas. No estamos en paz. Los resultados de esta interminable búsqueda son devastadores. Las dos hemos visto una y otra vez cómo arruina a jóvenes y mujeres. ¿Eso es todo lo que hay para las mujeres? ¿Lo que vemos es lo mejor?

En pocas palabras, por supuesto que no. De ninguna manera. La versión de la feminidad de nuestra cultura está muy lejos (y queremos decir muy lejos) de cómo Dios nos diseñó. Él tiene algo mucho mejor para la feminidad. Algo mucho más satisfactorio que una lista de requisitos. Desarrollaremos lo que eso significa en las próximas páginas.

## Por qué escribimos este libro

En vez de ofrecerte una nueva crema de belleza, una mejor opción de carrera, una forma superior de educación o un hermoso príncipe en un caballo blanco, queremos recomendarte algo mejor. Algo que no encontrarás en la cultura. Estamos aquí para sacarle la tarjeta amarilla a la feminidad moderna y proclamar "Ya basta". No funciona. Es hora de probar algo diferente.

La razón por la que escribimos este libro es para darte una visión radicalmente mejor de la verdadera feminidad. La única esperanza que tenemos como mujeres es dejar de definirnos según los estándares de otras personas y comenzar a definirnos según la Palabra de Dios. Para llegar a ser como Dios te creó, tienes que adquirir una visión de la verdadera feminidad tal como Dios la define.

Como tan bien señala Elisabeth Elliot:

> Somos llamadas a ser mujeres. El hecho de ser mujer no me hace una clase de cristiana diferente, pero el hecho de ser cristiana sí me hace una clase de mujer diferente. Porque he aceptado la idea de Dios para mí, y toda mi vida es una ofrenda a Él de todo lo que soy y de todo lo que Él quiere que sea.[1]

No pretendemos tener todas las respuestas, pero sí tenemos algunas. Dios nos ha revelado verdades increíbles y transformadoras sobre la feminidad, que no podemos guardarnos. Los resultados de seguir el diseño de Dios sobrepasan ampliamente los resultados que la cultura ha promovido hasta ahora.

Por lo tanto, al seguir el plan de Dios, podemos afirmar, sinceramente, que estamos más felices, satisfechas y alegres de lo que hayamos estado en nuestra vida. La Palabra de Dios es verdadera, y su versión de la feminidad ofrece resultados duraderos.

A lo largo de las páginas de este libro descubrirás:

- por qué Dios creó el género femenino,
- cuál es tu propósito como mujer,
- cómo obtener el valor duradero,
- lo que significa la verdadera belleza,
- cómo aplicar la feminidad en tus relaciones amorosas,
- cuál es la idea de Dios para la mujer que trabaja y
- cómo dejar un legado duradero que no se desvanezca con el tiempo.

Dios está buscando mujeres como tú para que valerosamente vayan contra la corriente de la cultura moderna. Necesita mujeres valientes. Mujeres que marquen una nueva tendencia, que sean creativas y que suban el nivel de la feminidad. Necesita mujeres

---

1. Elisabeth Elliot, *Let Me Be a Woman* (Carol Stream, IL: Tyndale, 1976), p. 52. Publicado en español con el título: *Dejadme ser mujer*, por Editorial CLIE, 1988.

que se nieguen a vivir para el aplauso de este mundo y, en cambio, vivan para el aplauso del Rey.

La Palabra de Dios es verdadera, y su versión de la feminidad ofrece resultados duraderos.

Susan Hunt, una autora y mujer piadosa, escribe: "Es hora de que las mujeres de fe bíblica reclamemos nuestro territorio. Conocemos al Diseñador. Tenemos su manual de instrucciones. Si no mostramos el diseño divino de su creación femenina, nadie lo hará. Sin embargo, si lo hacemos, será un profundo testimonio para un mundo necesitado que observa".[2]

No importa la edad que tengas o en qué momento de la vida te encuentres, si eres mujer, este libro es para ti. Tu historia aún no ha llegado a su fin. Nuestras historias aún no han llegado a su fin. No muchas mujeres tienen el coraje de apartar el bolígrafo de la malvada lista de requisitos sobre la identidad. Sin embargo, aquellas que sí lo hacen descubren algo extraordinario. Algo que transforma las vidas.

A lo largo de este libro conocerás a algunas de estas mujeres, que dejaron de permitir que la cultura definiera su feminidad. Se enfrentaron al gran matón de la feminidad falsa y dijeron: "¡Basta!".

En cambio, han decidido ser mujeres que solo se dejan definir por Dios. Los resultados son sorprendentes. Nosotras lo hemos intentado y, sin duda, vale la pena.

Eso sí, presta atención. Cosas radicales suceden cuando Dios se apodera de tu lista de requisitos.

---

2. Susan Hunt, *By Design: God's Distinct Calling for Women* (Franklin, TN: Legacy, 1994), p. 17. Publicado en español con el título: *Por diseño. El singular llamado de Dios para las mujeres*, por Editorial Unilit, 2008.

CAPÍTULO 1

# GUÍA DE ESTUDIO

## GUÁRDALO EN TU CORAZÓN

*Deja de definir tu feminidad según la cultura y comienza a definirla según la Palabra de Dios.*

1. ¿Cuántos años tenías cuando empezaste a preocuparte por ser bonita? ¿Qué te llevó a empezar a preocuparte?

______________________________

______________________________

______________________________

2. Toda mujer tiene una malvada lista de requisitos. Marca todas las casillas que se aplican a ti: *He tratado de encontrar mi identidad y mi valor a través de...*

- ☐ un cuerpo perfectamente delgado
- ☐ una cara bonita
- ☐ una carrera exitosa
- ☐ un novio
- ☐ el matrimonio
- ☐ la independencia
- ☐ la posesión de cosas bonitas
- ☐ el uso de las últimas tendencias
- ☐ viajes a lugares hermosos

- ☐ un cuerpo atlético
- ☐ el logro de objetivos académicos
- ☐ muchos amigos
- ☐ otros ______________________________
- ☐ otros ______________________________

¿Cuántas casillas marcaste? ¿Por qué intentas encontrar tu identidad en esas cosas?

3. ¿Cuáles son tus mayores inseguridades en este momento?

______________________________

______________________________

______________________________

4. ¿Qué crees que te dará valor y satisfacción duraderos?

______________________________

______________________________

______________________________

5. Menciona tres cosas que esperas aprender al leer este libro:

______________________________

______________________________

______________________________

HAZLO *Hoy*

Para comenzar, tómate un momento ahora mismo para orar y pedir a Dios que te ayude a aprovechar al máximo este libro. P. D.: ¡Estamos contentas de que lo estés leyendo!

# 2. LAS RUBIAS DESPAMPANANTES NO TIENEN LO QUE SE NECESITA

Protagonizó treinta grandes películas. Ganó el premio Globo de Oro a la "Actriz favorita del cine mundial". Comenzó su propia productora. La revista *Premiere* la votó como la "Segunda mejor estrella de cine" de todos los tiempos. La revista *Empire* la eligió como una de "las 100 estrellas más sensuales en la historia del cine". Era bella, talentosa y célebre, y parecía tener todo lo que una mujer podía soñar... excepto una cosa: la felicidad.

Norma Jean Baker, la tercera hija de Gladys Pearl Baker, nació en un hospital del condado de Los Ángeles el 1 de junio de 1926. Nunca supo quién era su verdadero padre y no tuvo una figura paterna en su vida. Su madre, que había sido diagnosticada con desequilibrio mental, era incapaz de cuidar a la pequeña Norma Jeane. Así que Gladys la puso en un hogar adoptivo donde vivió hasta los siete años. En 1933, Gladys compró una casa y trajo a Norma Jeane a vivir nuevamente con ella.

Solo unos pocos meses después de mudarse, su madre

comenzó a tener crisis mentales otra vez, y la internaron en el hospital psiquiátrico estatal. Norma Jeane estaba asustada, confundida y sola.

Pasó el resto de su niñez en distintos hogares adoptivos y orfanatos. Se supo que abusaron sexualmente de ella en varias ocasiones durante su infancia. Su vida fue el ejemplo perfecto de la disfunción.

Para escapar de la rotación constante de hogares adoptivos y orfanatos, se casó con un hombre llamado Jim Dougherty a la temprana edad de dieciséis años. Como le intrigaba la escena hollywoodense, decidió postularse en la agencia de modelos Blue Book. Le dijeron que estaban buscando modelos rubias, por lo que rápidamente se decoloró el cabello castaño en un rubio platino.

Se convirtió en una de las modelos más exitosas de Blue Book y apareció en decenas de portadas de revistas. Su carrera levantó vuelo. Rápidamente llamó la atención en la industria del cine y comenzó a actuar y cantar. Norma Jeane tuvo mucho éxito y todos la conocían.

A medida que pasó el tiempo, tanto su carrera, como su vida personal, comenzaron a sufrir algunos pronunciados altibajos. Se casó y se divorció tres veces y tuvo muchos amoríos entre medio. Su salud mental y física comenzó a decaer mientras luchaba con la adicción a las drogas y el insomnio. Su vida era un gran desastre.

Al público le encantaba lo que les brindaba, pero ella sabía que realmente no la amaban como persona. El maquillaje, el cabello teñido de rubio y las prendas brillantes solo ocultaban lo que sentía por dentro. Depresión. Falta de amor. Soledad. Lamentablemente, la belleza y la fama no fueron suficientes para satisfacer a Norma Jeane, que se suicidó a la temprana edad de treinta y seis años. Antes de morir, expresó:

> Sabía que le pertenecía al público y al mundo, no porque era talentosa, ni siquiera hermosa, sino porque nunca le había pertenecido a nada ni a nadie más.
>
> Marilyn Monroe

Norma Jean Baker cambió su nombre por Marilyn Monroe en 1947. Al mundo no le gusta reconocer el lado oscuro de su historia. La única Marilyn que vemos es la imagen de la mujer despampanante y despreocupada en los carteles de los centros comerciales. Casi siempre está sonriendo, se ve feliz, parece satisfecha.

Se suele retratar a Marilyn como la típica "mujer perfecta" norteamericana. Es un ícono al que millones de jóvenes y mujeres admiran. Sin embargo, su corta vida es un trágico ejemplo de la interminable búsqueda de identidad de una mujer. Cuanto más buscaba la felicidad, más larga se hacía su lista de requisitos. Si una cosa no funcionaba, intentaba algo nuevo. Belleza. Fama. Dinero. Matrimonio. Sexo. Drogas. Popularidad. Lo que se te ocurra, ella lo intentó. Toda la vida de Marilyn estuvo impulsada por lo que ella creía que le traería satisfacción como mujer. Es un ejemplo perfecto de una mujer a quien la cultura define. Y sufrió mucho como consecuencia.

*Lamentablemente, la belleza y la fama no fueron suficientes para satisfacer a Norma Jeane, que se suicidó a la temprana edad de treinta y seis años.*

La historia de vida de Marilyn plantea algunas preguntas importantes. Desafía las presunciones de la cultura sobre cosas superficiales, que "se suponen" que hacen que una persona se sienta feliz y satisfecha. Por ejemplo:

- ¿Cómo podía una mujer que lo tenía "todo" sentirse insatisfecha?
- Si ser famosa trae felicidad, ¿por qué no funcionó para Marilyn?
- Si ser increíblemente hermosa trae satisfacción, ¿por qué Marilyn estaba deprimida?
- Si tener una carrera exitosa brinda seguridad, ¿por qué Marilyn luchaba regularmente contra el insomnio?

- Si la riqueza trae libertad, ¿por qué Marilyn se suicidó?

Es obvio que algo no estaba funcionando. Algo no andaba bien.

¿En qué momento la vida de Marilyn tomó por primera vez el camino equivocado? Probablemente sucedió donde muchas de nosotras tomamos por primera vez el camino equivocado. Todo comenzó cuando permitió que la cultura definiera su feminidad, cuando las ideas de la cultura llenaron su lista de requisitos, cuando descartó de su vocabulario el diseño de Dios para la feminidad. Entonces, ¿qué incidencia tuvo la definición de feminidad según la cultura en la trágica vida de Marilyn? Sin duda, tuvo una incidencia enorme. Su inigualable belleza física y su personalidad exuberante la convirtieron en el símbolo sexual número uno del mundo, pero estar en el lugar más visto no pudo resolver los conflictos internos que enfrentaba. Como muchas de nosotras, probablemente pensaba que la siguiente meta conseguida los resolvería. *Esta lo hará. Finalmente seré feliz.* Sin embargo, la felicidad siguió siendo esquiva.

> ¿Cómo podía una mujer que lo tenía "todo" sentirse insatisfecha?

Lamentablemente, las mentiras que Marilyn creyó siguen vigentes hoy. Solo que ahora vienen en un paquete un poco diferente, y nos las imponen por la fuerza antes que nos demos cuenta.

## Desaparecer del radar

A diferencia de Marilyn, las dos crecimos en una familia cristiana con padres comprometidos. Softbol. Baloncesto. Natación. Piano. Guitarra. Gimnasia. Awana. Ballet. Hicimos de todo. Y nuestros padres, junto con nuestros seis hermanos (Michael, Stephen, Ellissa, Timothy, Rebekah y Suzanna) estaban allí y nos alentaban. La escolarización en casa también acercó más a nuestra numerosa familia.

Cuando entramos en la adolescencia y comenzamos a salir del nido de nuestro hogar, nuestros padres tenían mucha cautela de las amistades con las que salíamos. Intencionalmente nos hacían participar de las actividades de la iglesia para que estuviéramos rodeadas de buenas influencias. Estábamos muy ocupadas entre la escolarización en casa, el baloncesto, el trabajo en una librería cristiana y nuestra participación en la iglesia.

Desarrollamos amistades profundas y, lentamente, formamos nuestro grupo central de amigas íntimas. Eran las personas a quienes acudíamos. Nuestras mejores amigas. Las amábamos. También teníamos un grupo semicentral de amigas. Eran personas con las que salíamos de aquí para allá, pero no de manera regular. Después teníamos un grupo casual. Eran personas con las que realmente no salíamos a menos que nos reuniera una actividad social. Ya sabes de lo que estamos hablando.

Al considerar todas nuestras "amigas", crecimos en un grupo de alrededor de treinta jóvenes cristianas. Todas provenían de hogares cristianos. Todas afirmaban que amaban a Jesús. Deseaban honrar a Dios con sus vidas. Todas creían en cosas como la pureza, no tener relaciones sexuales antes del matrimonio y vestirse con decoro. Amábamos tener muchas amigas con ideas afines.

Cuando la escuela secundaria llegó a su fin, nuestros caminos comenzaron a separarse. Algunas se quedaron en la ciudad como nosotras. Otras se fueron lejos. Sin embargo, la distancia no era un gran problema. Seguíamos en contacto.

Nunca hubiéramos imaginado lo que ocurrió después. En los siguientes cinco años, comenzaron a suceder cosas extrañas. Una a una, nuestras amigas desaparecieron del radar. Y no estamos hablando del "radar de seguir en contacto", sino del radar cristiano.

> Nunca hubiéramos imaginado lo que ocurrió después.

Vimos a algunas de nuestras amigas más devotas convertirse en completas ateas. Vimos a otras amigas rechazar la pureza y zambullirse de cabeza en las relaciones sexuales. Algunas se casaron y rápidamente se divorciaron. Un par de amigas solteras quedaron embarazadas sin estar casadas. También fuimos testigos de cómo nuestras amigas más retraídas se volvieron osadas y fiesteras.

A medida que pasaban los años, muchas de nuestras amigas siguieron desapareciendo del radar cristiano. Ya no adoptaban la feminidad bíblica (profundizaremos lo que significa esto más adelante). En cambio, lentamente se transformaron en mujeres que se dejaron definir por la cultura.

Lamentablemente, la pasión por Dios que tenían en la escuela secundaria desapareció de sus vidas. Ya no hablaban, actuaban ni parecían jóvenes cristianas. Sus vidas no reflejaban el gozo, la paz, el orden, la pureza y la santidad de Dios. De ese enorme grupo de treinta, podemos contar con una mano las mujeres que siguen caminando con Dios, que aún se preocupan por los valores bíblicos, que todavía usan la Biblia como su estándar de verdad.

Esta impactante epidemia nos preocupa inmensamente. ¿Qué pasó con nuestras amigas? ¿Qué salió mal? ¿Por qué muchas abandonaron el barco?

Algunas personas culpan a las malas decisiones. Y sí, las malas decisiones tienen consecuencias; pero creemos que es mucho más profundo que eso. Cuanto más estudiamos la feminidad bíblica, más clara llega a ser la respuesta.

## La libertad no viaja sola

Cuando las personas se gradúan de la escuela secundaria, entran en el mundo nuevo de la adultez. Tienen que tomar decisiones importantes sobre el próximo paso en sus vidas. Cuando nosotras y nuestras amigas entramos en esta nueva etapa de responsabilidad, también entramos en un mundo nuevo de libertad. Teníamos la libertad de tomar más decisiones, de pensar por nosotras mismas, de decidir lo que queríamos hacer con nuestro tiempo.

Sin embargo, esta libertad recién descubierta no viajaba sola. Venía acompañada por un nuevo y malicioso grupo de tentaciones.

Nuestra identidad no era tan complicada cuando éramos niñas. Ahora teníamos un millón de decisiones, ideas y oportunidades diferentes delante de nosotras. Sí, había una lista de requisitos sobre la identidad en la escuela secundaria, pero no se parecía en nada a lo que enfrentamos como jóvenes adultas.

A medida que cada una de nosotras recorría diferentes caminos, la lista de requisitos sobre la identidad nos seguía. La versión cultural de la feminidad comenzó a susurrar suavemente a nuestros oídos. "El sexo antes del matrimonio no es tan malo… Vamos, diviértete un poco". "Solo toma unas copas más. Te va a gustar emborracharte". "No seas tan recatada con tu ropa, relájate un poco. Muestra tu lado seductor". "Casarse es algo del pasado. No tiene nada de malo vivir con tu novio". "La Biblia se escribió hace dos mil años. Sé un poco más progresista".

Todos los frentes cuestionaban nuestras opiniones sobre Dios y sus estándares. En cada esquina que doblábamos, el mundo nos tironeaba para que nos uniéramos. Y parecía divertido, emocionante, gratificante. Las mismas mentiras que sedujeron a Marilyn Monroe nos estaban seduciendo a nosotras. Y fueron implacables.

*La versión cultural de la feminidad comenzó a susurrar suavemente a nuestros oídos.*

Una a una, muchas de nuestras amigas aceptaron esas mentiras seductoras. Querían algo nuevo. Algo más. Poco a poco, dejaron de buscar su identidad en Dios. Dejaron de preguntarle qué pensaba. Dejaron de creer en su verdad.

En definitiva, no fueron sus malas decisiones las que las llevaron por ese camino. Fue su pensamiento equivocado. Comenzó la primera vez que cuestionaron la Palabra de Dios. Comenzó la primera vez que creyeron una pequeña mentira. Comenzó la primera vez que permitieron que la cultura definiera su identidad. Comenzó la primera vez que buscaron su felicidad en algo más que Dios. Cualquiera podría terminar deslizándose por esa pendiente resbaladiza.

Aunque nunca abandonamos el barco, nuestro viaje también ha tenido algunas sacudidas. Nos tentaron y fallamos. Nos sedujeron y cedimos. Aceptamos las mentiras. Permitimos que, de vez en cuando, la cultura nos definiera. Y nos da vergüenza, pero nunca arrojamos la toalla. Todavía nos aferramos a la Palabra de Dios con todas nuestras fuerzas. Nos aferramos a su verdad. Todavía confiamos que su plan para nuestra feminidad es mejor que el de Hollywood.

C. S. Lewis expresó: "Dios no nos puede dar paz y felicidad fuera de Él porque eso no existe".[1] Fuera de Dios, la paz y la felicidad duraderas no existen. Por eso, la búsqueda de Marilyn nunca terminó. Por eso, su lista de requisitos sobre la identidad nunca dejó de crecer. Y lamentablemente, lo mismo les está pasando a muchas mujeres cristianas de hoy.

*Fuera de Dios, la paz y la felicidad duraderas no existen.*

Katie Jones, una joven que ambas conocíamos de la escuela secundaria, aprendió esta lección de la manera más difícil. En vez de buscar su identidad en Dios, eligió el camino de la feminidad falsa. En el próximo capítulo, daremos un vistazo a su historia e intentaremos entender por qué esta versión atractiva de la feminidad tiene grietas en su base.

1. C. S. Lewis, *Mere Christianity* (Nueva York: HarperCollins, 1980), p. 50. Publicado en español con el título: *Mero cristianismo*, por Ediciones Rialp, 2017.

## CAPÍTULO 2

# GUÍA DE ESTUDIO

### GUÁRDALO EN TU CORAZÓN

*El momento en que permitimos que la cultura defina nuestra feminidad es el momento en que tomamos por primera vez el camino equivocado.*

1. ¿Qué te llama más la atención de la vida de Marilyn Monroe?

______________________________

______________________________

______________________________

2. ¿Por qué crees que Marilyn, una mujer que lo tenía "todo", se sentía insatisfecha?

______________________________

______________________________

______________________________

3. ¿De qué manera la cultura de hoy susurra mentiras a nuestros oídos? Encierra en un círculo todo lo que has sido tentada a creer:

   "El sexo antes del matrimonio no es tan malo... Vamos, diviértete un poco".

"Solo toma unas copas más. Te va a gustar emborracharte".

"No seas tan recatada con tu ropa, relájate un poco. Muestra tu lado seductor".

"Casarse es algo del pasado. No tiene nada de malo vivir con tu novio".

"La Biblia se escribió hace dos mil años. Sé un poco más progresista".

4. ¿Alguna vez tú o alguien que conoces ha abandonado el barco? ¿Por qué?

5. Toma tu Biblia y busca Romanos 12:2. ¿Cómo puede este versículo ayudarte a evitar un resultado como el de Marilyn?

HAZLO *Hoy*

Lee nuevamente Romanos 12:2. Dedica unos minutos a memorizar este versículo.

# 3. FEMINIDAD FALSA, ME HAS HECHO MAL

Yo (Kristen) reconocí a Katie Jones apenas cruzó por la puerta. Todas las miradas en el gimnasio del campamento de verano se volvieron lentamente hacia ella mientras se dirigía hacia su asiento. Tenía piernas largas, tacones altos, una cabellera exuberante digna de un comercial de champú, labios brillantes, pantalones de jean ajustados. Su abdomen era su marca registrada. Y su manera de caminar gritaba: "Me siento segura".

Vi como volteaba la cabeza y se echaba hacia atrás el cabello con tal perfección como en los anuncios publicitarios. Saludó a un grupo de jóvenes y les mostró su sonrisa de dientes blancos perlados. Noté cómo los muchachos se sonreían y se hablaban entre ellos después que ella pasó. Esta joven era la mujer perfecta. Hacía honor a los rumores que había escuchado sobre ella, como "¡Vaya! Es divina".

No lo hubiera dicho en voz alta, pero estaba celosa de ella. Quería tener lo que ella tenía. La confianza, la independencia, la belleza, el cuerpo *sexy*. La describía de la misma manera que un joven diría: "Él sí es un hombre", solo que yo decía: "Ella sí es una mujer".

Durante los años siguientes, vi a Katie mantenerse a la

vanguardia de la feminidad moderna. Siempre era la primera en probar las nuevas tendencias de la moda. Siempre era la primera en romper los límites. Desde mi punto de vista, Katie parecía tener el control absoluto de su vida.

Si nos adelantamos diez años, Katie todavía es muy independiente. Todavía parece segura. Todavía está en la cima de todas las tendencias de la moda. Ante la mirada de la gente, parece entera; pero, en el fondo, se está desmoronando.

Katie se casó con su amor de la secundaria mientras estudiaba para obtener su título universitario. En menos de un año de matrimonio, Katie lamentó su decisión. Acostumbrarse a la vida matrimonial con un esposo que intentaba "guiarla" no era exactamente lo que ella esperaba. Cuando llegó el segundo año de matrimonio, Katie nos sorprendió a todos. Dejó a su esposo y le pidió el divorcio.

*Ante la mirada de la gente, parece entera; pero, en el fondo, se está desmoronando.*

Poco después de su divorcio, Katie comenzó a concurrir a fiestas. Rápidamente encontró un nuevo hombre que se enamoró de su espíritu independiente y sus atuendos sensuales. La última vez que vi a Katie estaba embarazada de ocho meses, trabajaba como mesera a tiempo completo, salía de fiesta los fines de semana y vivía con el novio que la había embarazado.

Observar a Katie a lo largo de los años fue como ver la vida de una celebridad desde la primera fila. Era la más popular de la ciudad. Todas estaban celosas de ella en la escuela secundaria. Parecía tenerlo todo. Era la mujer perfecta. Y ahora su vida es totalmente disfuncional y dolorosa. Su popularidad ya no existe. Sus amigas han seguido adelante. Ya no es la joven a quien todas admiran. A pesar de todo lo que tenía a su favor, claramente no bastó.

## Apuntar al blanco

La última vez que Bethany y yo fuimos al supermercado, noté

algo. Todas las portadas de las revistas estaban llenas de imágenes de mujeres hermosas, seguras, modernas y sensuales, que me recordaron a Katie Jones. Las mujeres de estas revistas parecen tenerlo todo. Si yo pensaba que Katie Jones era la mujer perfecta, estas mujeres la superan con creces.

Protagonizan los programas de televisión más populares. Interpretan canciones exitosas. Se han divorciado de los hombres más atractivos del mundo y parecen estar contentas con sus decisiones. Son ejemplos que todas las mujeres quieren imitar y nos marcan el camino hacia el futuro de la feminidad.

La portada de una revista mostraba una estrella de un *reality show* extremadamente popular. Llevaba una camiseta blanca sin mangas, y el titular de la revista decía: "Cómo lucir sexy hoy. Haz que se obsesionen contigo".

Otra revista mostraba una famosa cantante pop. Llevaba una minifalda cortísima y una blusa que apenas cubría las partes esenciales. Las palabras resaltadas decían: "Por qué tu última ruptura fue genial".

La feminidad moderna, según las celebridades, tiene que ver con lucir sexy, irradiar confianza y ser independiente de los hombres.

La última revista mostraba una actriz con un vestido negro formal con un tajo más allá de su muslo. En letras grandes decía: "Despiértate hecha una diosa. De dormida a *sexy* en solo cinco minutos".

Capté la indirecta. La feminidad moderna, según las celebridades, tiene que ver con lucir *sexy*, irradiar confianza y ser independiente de los hombres. Si seguimos sus pasos, encontraremos la felicidad y la satisfacción que deseamos, ¿verdad?

Después de ver esas revistas, queda claro que todas las mujeres buscan lo mismo. Todas queremos felicidad. Todas deseamos satisfacción. Todas necesitamos seguridad. Todas anhelamos sentirnos amadas.

El problema es cómo hacerlo. ¿Cómo podemos conseguir estas cosas como mujeres?

Cuando Bethany y yo hablamos de esto, nos dimos cuenta de que la feminidad es como un objetivo, un blanco rodeado de varios anillos. Contiene todo lo que queremos: confianza, seguridad, paz, logros, felicidad, amor, satisfacción. Para dar en el blanco como mujeres, necesitamos usar el arco y las flechas correctas. No podemos dar en el blanco con las herramientas incorrectas. Lo intentaremos y fallaremos una y otra vez.

Cada una de nosotras quiere, desesperadamente, usar las herramientas correctas para disparar nuestras flechas. Queremos dar en el blanco de la verdadera feminidad y obtener la satisfacción que deseamos. En definitiva, dar en el blanco de Dios nos lleva a la verdadera satisfacción, y todo lo demás nos conduce a una búsqueda interminable.

Katie Jones estaba errando al blanco. Lamentablemente, su vida se construyó sobre las ideas de la feminidad falsa. Siguió a sus celebridades favoritas y disparó sus flechas en la dirección que ellas sugerían. Sus resultados fueron de todo menos glamorosos.

## Los tres pilares de la feminidad falsa

Katie Jones adoptó lo que nosotras dos llamamos "los tres pilares de la feminidad falsa". Estos tres pilares son el núcleo de la versión de la feminidad de nuestra cultura. Son todo lo que las mujeres del siglo XXI deben tener.

Es fácil ver a Katie y pensar: *Bueno, no estoy tan mal como ella. No he aceptado las ideas de la cultura como ella. Estoy mucho mejor*. Quizás estés mejor que Katie. Tal vez no hayas aceptado por completo la feminidad falsa como ella hizo. Sin embargo, ¿alguna vez te detuviste a repensar? ¿Alguna vez evaluaste tu vida y te preguntaste por qué haces lo que haces? ¿Por qué crees lo que crees?

*¿Alguna vez evaluaste tu vida y te preguntaste por qué haces lo que haces?*

Cuando nos hicimos estas preguntas hace varios años, nos dimos cuenta de que muchas de nuestras acciones y creencias eran el resultado directo de la influencia de nuestra cultura. De hecho, podríamos contarte muchas historias en las que aceptamos los tres pilares de la feminidad falsa. Usamos las flechas incorrectas y apuntamos en la dirección equivocada. Aquí te contamos algunas de esas historias.

## PILAR #1: LA LIBERACIÓN

Yo (Bethany) recuerdo esta conversación como si fuera ayer. Tenía veintidós años. Audaz y porfiada. Estaba convencida de que se hacía a mi manera o no se hacía. Detesto admitirlo, pero era un poco sabelotodo. No había aprendido el significado de la discreción. Si pensaba que estaba en lo cierto, debía asegurarme de que la otra persona lo supiera.

Un día, tuve un gran desacuerdo con uno de mis amigos. Nada agradable. Sucedió lo siguiente.

Mi amigo Brandon y yo estábamos pasando el rato con un grupo de amigos en una cafetería local. Era una tarde de sábado soleada, y queríamos pasar un rato divertido y agradable. De alguna manera, surgió una conversación incómoda.

Brandon y yo nos pusimos a hablar de mis proyectos y objetivos actuales en el ministerio. Yo estaba muy inmiscuida en mis proyectos ministeriales. Eran mi orgullo y alegría. Me había convencido de que mis logros ministeriales eran la fuente de mi propósito y mi realización como mujer. Miraba a las mujeres casadas a mi alrededor, y pensaba: *No me puedo imaginar solo como esposa y madre. No me puedo imaginar sin otras cosas. Sin lograr algo superior. Algo mejor.* No lo decía en voz alta, pero lo tenía en mi mente. Lo sentía en mi corazón.

Ahora bien, imagínate lo que pasó cuando Brandon me preguntó: "¿Crees que podrías ser feliz como esposa y madre? ¿Estarías dispuesta a dejar algunos de tus proyectos ministeriales en un futuro si fuera necesario?".

¡Vaya! No fue una buena pregunta. Me di la vuelta en mi silla giratoria, lo miré a los ojos y, en mi tono más enérgico, dije: "La verdad es que no puedo imaginar mi vida sin mi ministerio y mis proyectos editoriales. Espero que quien se case conmigo me apoye en mis dones y talentos únicos".

Como puedes imaginar, la conversación no terminó ahí. La pregunta de Brandon me hizo pensar seriamente. Reflexioné en preguntas como: *¿Por qué estoy tan a la defensiva con respecto a mis logros? ¿Por qué siento la necesidad de demostrar lo que valgo a los que me rodean? ¿Por qué siento que ser esposa y madre no es suficientemente bueno? ¿Por qué me preocupa y me disgusta tanto?*

Después de varios años de búsqueda espiritual, me di cuenta de la verdad. Mi ministerio no era el problema. Brandon no era el problema. Mi trabajo no era el problema. Mis objetivos no eran el problema. Era mi corazón.

> La liberación promueve la idea de que, para ser iguales a los hombres, las mujeres deben tener el mismo propósito que ellos.

En algún momento de mi vida había aceptado los aspectos del primer pilar de la feminidad falsa: *la liberación*.

La liberación tiene un tema subyacente: desechar la idea "anticuada" de que los hombres y las mujeres tienen roles diferentes y propósitos únicos. La liberación trata de que las mujeres sean libres. ¿Libres de qué? Ante todo, libres de los roles en el matrimonio. Libres de las diferencias entre los hombres y las mujeres. Libres de las enseñanzas bíblicas sobre el género. Libres de cualquier cosa que distinga lo que significa ser hombre y lo que significa ser mujer. Un diccionario define la palabra liberación como "la eliminación de reglas, actitudes, etc., tradicionales, sociales o sexuales".[1] Lo

1. *Merriam-Webster OnLine*, palabra "liberation" ["liberación"], consultada en línea el 6 de octubre de 2015, http://www.merriamwebster.com/dictionary/liberation.

traducimos como "afuera lo viejo, adentro lo nuevo". Este es el siglo XXI. Las mujeres no deberían estar atadas a los puntos de vista tradicionales.

La liberación promueve la idea de que, para ser iguales a los hombres, las mujeres deben tener el mismo propósito que ellos. Necesitamos lograr las mismas cosas. Necesitamos perseguir el mismo estilo de vida. Solo entonces, cuando las diferencias de género desaparezcan, estaremos realmente satisfechas.

En mi corazón, había llegado a creer que mi valor se encontraba en mis logros fuera de mi hogar y mi familia. Creí: *Ser esposa y madre está bien, pero las mujeres reales hacen más cosas. Consiguen trabajos. Dirigen grandes ministerios. Viajan. Demuestran que pueden hacer tanto o más que los hombres.*

No estaba ciega a los elogios de la cultura. Las mujeres que abandonaban los roles "anticuados" de esposa y madre recibían los aplausos. Las mujeres exitosas eran las que conseguían trabajos y tenían carreras profesionales.

No era tonta. Quería que la cultura me aceptara. Quería que me elogiaran. Como consecuencia, fui tras oportunidades que me darían el aplauso que anhelaba.

"Oh, ¿estás escribiendo un libro? Impresionante".

"¿Tienes un blog para mujeres jóvenes? Increíble".

"¿A cuántas mujeres jóvenes aconsejas? ¡Vaya! Sorprendente".

"¿Eres la directora de ese programa? Genial".

Lo curioso era que los elogios no me hacían feliz. De hecho, estaba bastante frustrada, nerviosa, lista para demostrar mi valor a los que me rodeaban. Tenía una actitud arrogante hacia los hombres. Era una completa infeliz envuelta en papel de regalo espiritual.

Era una completa infeliz envuelta en papel de regalo espiritual.

La conversación que tuve con Brandon hizo que comenzara en mí una búsqueda espiritual. Hizo que me humillara y evaluara mi corazón. Fue entonces cuando me di cuenta de que no estaba disparando al objetivo correcto. No estaba apuntando mis flechas al blanco de Dios. Estaba apuntando a la feminidad falsa. Estaba tratando de demostrar mi valor como mujer. Estaba aceptando aspectos de la liberación.

¡Qué momento revelador!

Con razón me sentía insatisfecha. Con razón estaba preocupada. Con razón era porfiada y combativa. Con razón fui como un cañón listo para disparar cuando Brandon me hizo esa pregunta. Estaba en el camino equivocado. Estaba disparando al objetivo equivocado.

Como muchas de ustedes, deseaba encontrar la satisfacción en un estilo de vida ajeno al diseño de Dios para la mujer (lo que trataremos con mayor detalle más adelante).

## PILAR #2: LA INDEPENDENCIA

Cuando era adolescente, yo (Kristen) era la personificación de la palabra *competitiva*. Siempre tuve ese fuego interno por querer ganar, fuera donde fuera.

Hace un tiempo, descubrí que tengo la extraña habilidad de mover mi lengua hacia arriba y hacia abajo en mi boca muy rápido. Es raro, lo sé. No sé quién, en sus cabales, excepto yo, retaría a alguien a ver quién puede mover la lengua hacia arriba y hacia abajo con la mayor rapidez. Por alguna razón, este reto me parece genial. Te doy permiso para hacer una pausa en tu lectura e intentarlo. ¿Quién sabe? Quizás tienes una habilidad que nunca supiste que tenías.

La realidad es que soy muy competitiva. De vez en cuando, mis hermanas menores, Ellissa y Rebekah, tienen que recordarme que "es solo un juego, no sirve de nada pelearnos por eso". ¡Ah... la sabiduría de las hermanas menores!

A medida que me convertía en mujer, mi actitud competitiva empezó a transformarse en algo diferente. Algo distinto. Algo que se volvió muy notorio cuando comencé mi relación con Zack (quien ahora es mi esposo). Era una actitud de independencia. Una actitud de *yo lo sé hacer, no te necesito*.

Me enorgullecía mi capacidad de valerme por mí misma. Era una mujer capaz. No necesitaba la ayuda de un hombre, en especial, si ese hombre intentaba decirme qué hacer. No es que detestara a los hombres, porque no es así. En realidad, me caían bien. Estaba a favor del matrimonio, la familia y todas esas cosas.

Entonces, ¿qué era ese sentimiento dentro de mí? ¿Por qué me daba escalofríos la idea de renunciar a tener el control? ¿De soltar mi independencia? ¿De necesitar a otros? ¿De aceptar ayuda? ¿De necesitar consejo?

Cuando comencé mi matrimonio con Zack, lentamente empecé a incorporar el segundo pilar de la feminidad falsa: la *independencia*. Ponía en práctica la definición cultural de la mujer fuerte. Miraba a mi alrededor e imitaba lo que veía. Tomaba nota de lo que escuchaba. Sin saberlo, adopté la mentalidad de la mujer fuerte y exitosa.

Me enorgullecía mi capacidad de valerme por mí misma.

Al comienzo de mi matrimonio, mi espíritu independiente surgía con frecuencia. Recuerdo una vez cuando Zack y yo llevábamos solo seis meses de casados. Vivíamos en un adorable departamento de una habitación, compartíamos el mismo auto y manejábamos el mismo presupuesto. Al principio, compartir todo me parecía romántico y dulce.

Ambos acordamos que él estaría a cargo de la administración del presupuesto familiar (no soporto administrar presupuestos). Se le ocurrió un plan y me lo mostró. Me sorprendí gratamente cuando me asignó una generosa cantidad de dinero para gastar y acepté con gusto.

Varias semanas después se dio cuenta de que nuestro presupuesto no estaba bien y que ambos tendríamos que recortar nuestros gastos. ¡Qué desilusión! Eso no me cayó bien.

—Espera, solo puedo gastar ¿cuánto? —pregunté en un tono desafiante.

—Mira, cariño, lo siento mucho. Te daría todo el dinero del mundo si pudiera —respondió con calma—. Solo que en este momento no lo tenemos en nuestro presupuesto.

Lo miré con frialdad.

—¿Cómo voy a comprar lo que necesito? No quiero estar tan limitada y atada —dije con una mano en alto.

La idea de compartir todo ya no me parecía tan romántica. Quería la libertad de hacer lo que quisiera, cuando quisiera. En ese momento, la idea de ser independiente me parecía mucho más atractiva.

Todo este conflicto del presupuesto se convirtió en un debate de dos días. Hizo que tuviéramos algunas conversaciones profundas muy necesarias. Al igual que Bethany, hice mi propia búsqueda espiritual durante ese tiempo. No tenía ni idea de que mi espíritu fuera tan independiente hasta que me pusieron a prueba.

Me había dejado convencer por el segundo pilar mucho más de lo que pensaba. En nuestra cultura moderna, se considera que una mujer independiente es altamente exitosa, poderosa y fuerte. Yo lo sabía y, en mi subconsciente, dejé que ese mensaje me convenciera.

> *En ese momento, la idea de ser independiente me parecía mucho más atractiva.*

En vez de ver a Zack como mi compañero de equipo, lo veía como mi competidor y me oponía a él.

¿Alguna vez has ido en canoa con alguien? Si es así, sabes que ambas personas tienen que trabajar en equipo para llegar al destino. Si una persona decide independientemente remar en su propia dirección, la canoa girará en círculos.

Esto es exactamente lo que mi actitud independiente estaba haciendo en mi matrimonio. Cuanto más aceptaba esa mentalidad, más giraba en círculo mi matrimonio. Tener una actitud de autosuficiencia hizo que mi relación con él fuera débil y tensa. Hizo que estuviera a la defensiva con Zack. Hizo que fuera rencorosa y que tuviera el deseo de demostrar quién era. Ir tras la independencia fue estresante y no me trajo ninguna satisfacción.

En vez de dar vueltas con mi canoa, decidí usar mi fuerza para remar contra la corriente de la independencia moderna. He redirigido mis flechas hacia el objetivo correcto y ahora apunto al blanco. Sinceramente, me sorprende la paz y el propósito que ahora siento. Veo mi matrimonio bajo una luz completamente distinta. Ahora Zack es mi compañero de equipo, no mi contrincante.

Dios nos diseñó para que funcionemos mejor cuando remamos juntos por una causa mayor a nosotras mismas.

Ya sea que estés casada o soltera, nuestra cultura te está presionando para que alcances un nivel de independencia poco saludable. Te anima a que te separes de tus padres, tu familia, tu esposo y tus hijos. Te anima a perseguir lo que quieres, y cuando lo quieres. "Haz a todos a un lado, porque tú estás primero".

Sin embargo, este estilo de vida no es lo que Dios tenía pensado para nosotras como mujeres. Dios nos diseñó para que funcionemos mejor cuando remamos juntos por una causa mayor a nosotras mismas. En los próximos capítulos, desarrollaremos exactamente lo que eso significa.

## PILAR #3: LA LIBERTAD SEXUAL

A ninguna de las dos nos adiestraron. No nos enseñaron. Solo lo sabíamos. Nos poníamos doble máscara de pestañas, nos colocábamos brillo labial y posábamos para la cámara. Poníamos una mirada misteriosa, arrugábamos un poco los labios y nos enrulábamos algunos mechones de cabello con los dedos.

El viento soplaba de maravilla. Nuestro fotógrafo tomaba las fotos. En nuestra mente, estábamos en la cima de la Torre Eiffel modelando para la portada de una famosa revista. Nuestros admiradores estarían esperando en la parte inferior de la torre para poder vernos o quizás, con suerte, conseguir un autógrafo.

¡Vuelta a la realidad!

Yo (Bethany) detesto admitirlo, pero estábamos muy lejos de la Torre Eiffel o de la torre inclinada de Pisa o de cualquier otra torre. En realidad, estábamos en el tejado de nuestra casa, en el patio trasero, y nuestra hermana menor, Ellissa, nos tomaba las fotos. Nuestro mayor admirador era el perro apestoso que esperaba que bajáramos de la escalera tambaleante para que le diéramos alguna de sus galletas.

Al recordarlo, no podemos evitar reírnos de lo que nuestros vecinos debieron haber pensado. Dos rubias altas, engalanadas ostentosamente, que intentaban posar como modelos mundialmente famosas mientras se fotografiaban en el tejado de su casa. Estoy segura de que éramos un espectáculo bastante curioso.

En ese momento en el tejado, no habríamos usado la palabra *seductoras* para describirnos o referirnos a nuestras poses, pero eso es exactamente lo que buscábamos. No estábamos ciegas. Veíamos a las mujeres de las revistas. Sabíamos que las elegían por una razón. Sabíamos que, si imitábamos sus poses y mostrábamos nuestras fotos (a través de las redes sociales), obtendríamos la atención y la aceptación que deseábamos.

Imitábamos a las mujeres famosas que estaban en el foco de atención con la esperanza de encontrar la seguridad y el valor que anhelábamos.

En ese momento, las dos éramos adolescentes y, el tercer pilar, la libertad sexual, ya nos golpeaba con una fuerza poderosa. Incluso como jóvenes cristianas, que crecimos en una familia cristiana con padres cristianos maravillosos, la presión por ser sexualmente libres era intensa. Queríamos caer bien y que nos aceptaran. Queríamos ser "hermosas". Imitábamos a las mujeres famosas que estaban en el foco de atención con la esperanza de encontrar la seguridad y el valor que anhelábamos.

Avancemos unos años al momento cuando las dos teníamos aproximadamente veinte años y estábamos paradas en la máquina de refrescos de un restaurante de la ciudad, y una mujer totalmente desconocida se nos acercó.

—Disculpen. Solo quería acercarme y decirles que me encanta lo altas que son. ¿Son modelos?

—¡Oh, qué amable! —respondí yo (Bethany)—. Pero no, no somos modelos.

—Qué lástima —dijo, e hizo un gesto negativo con la cabeza—. Déjenme darles un consejo. No desperdicien esos cuerpos. En serio. ¡Úsenlos y sáquenles provecho!

—Bueno, gracias —respondí y miré a Kristen.

La presión por usar nuestra libertad sexual nos estaba golpeando otra vez.

Dichosamente, habíamos madurado bastante desde nuestra sesión de fotos en el techo. Habíamos estudiado el diseño de Dios para nuestra sexualidad y teníamos más conocimiento. Todavía sentíamos la presión de cumplir con la idea cultural de la belleza y la libertad sexual, pero ya no nos dejábamos influenciar tan fácilmente.

Cuando la señora se fue, las dos conversamos sobre lo que había dicho. Coincidimos en que ser mujer en la cultura actual saturada de sexo es difícil. Definitivamente, no necesitábamos la presión adicional de una mujer desconocida que nos dijera básicamente que hiciéramos alarde de nuestros cuerpos.

Adelantémonos otro año.

Estábamos tomando café con un grupo de amigas. El verano estaba a la vuelta de la esquina, lo que significaba que se aproximaba la estación de trajes de baño. De manera indirecta, una de nuestras amigas nos preguntó si usábamos bikinis. Yo (Bethany) le expliqué amablemente que tanto Kristen como yo habíamos decidido no usar bikinis debido a nuestras convicciones personales sobre el recato. Nuestra amiga no se conformó con mi respuesta. De hecho, parecía muy ofendida. Se encargó de darnos una lección sobre por qué debíamos usar bikinis y por qué debíamos sentirnos totalmente cómodas de mostrar nuestros cuerpos. Nos explicó que exponer nuestra piel era un signo de confianza y seguridad.

Una vez más, nos restregaban en la cara la idea de la sociedad sobre la libertad sexual.

Cuando éramos adolescentes, los medios de comunicación

nos presionaban para que viviéramos una versión sexual de la feminidad. Cuando éramos jóvenes, nos presionaban para usar nuestra libertad y hacer alarde de nuestros cuerpos. "No los desperdicien" fue el consejo de una extraña.

Ahora, como mujeres adultas, nos decían que mostrar nuestros cuerpos era un signo de seguridad y confianza. Las mujeres de verdad no se avergüenzan de sus cuerpos. Las mujeres de verdad se sienten seguras de mostrarlo. Las mujeres de verdad valoran su libertad sexual.

Quizás te identificas con algo de lo que dijimos. Quizás no. Quizás nunca te detuviste a considerar lo que estamos hablando. Independientemente de tu edad, etapa o experiencias de vida, la conclusión es esta: vivimos en una cultura saturada de sexo. Es imposible evitarlo por completo. Nos bombardean con mensajes equivocados sobre la libertad sexual mientras realizamos algunas de las actividades cotidianas más básicas, como ir al supermercado o a una tienda de ropa.

El tercer pilar, *la libertad sexual*, empuja a las mujeres hacia una sola cosa: demostrar su valor a través de sus cuerpos. La feminidad falsa promulga que las mujeres de verdad son sensuales, atractivas, libres, provocadoras y audaces.

Sin embargo, las dos tenemos una pregunta. Si eso significa ser una mujer "de verdad", ¿por qué tienen dificultades tantas mujeres sexualmente libres? ¿Por qué el ícono sexual de Marilyn Monroe se suicidó si tenía todo lo que la cultura afirma que hay que tener para ser una mujer de verdad? ¿Por qué Miranda Kerr, una famosa modelo de lencería, expresa: "Las modelos son algunas de las personas más inseguras que he conocido"[2]?

Si la libertad sexual es tan beneficiosa, ¿por qué no resulta? ¿Por qué hay mujeres que todavía luchan con sentimientos de falta de valía?

---

2. Margot Peppers, "'Models Are Some of the Most Insecure People I've Ever Met': Miranda Kerr on How She Has to Practice Loving Herself", *Daily Mail*, 1 de octubre de 2013, http://www.dailymail.co.uk/femail/article-2440134/Miranda-Kerr-Models-insecure-people-Ive-met.html.

Como mujeres cristianas, necesitamos dar un paso atrás. Debemos ver hacia dónde nos lleva el camino de la libertad sexual. Cuando arrojamos nuestras flechas en la dirección equivocada, terminamos con una mezcla de sentimientos negativos. Inseguridad. Falta de valía. Confusión acerca de la belleza. Confusión acerca del sexo. Confusión acerca de la feminidad.

> *La feminidad falsa promulga que las mujeres de verdad son sensuales, atractivas, libres, provocadoras y audaces.*

Es hora de repensar el sexo. Es hora de repensar la belleza. Es hora de rechazar la feminidad falsa y volver a centrar nuestra atención en el blanco. Descubrirás exactamente lo que eso significa en los próximos capítulos.

## Deja de hacer pasteles de barro

Comenzamos este capítulo con la historia de Katie Jones, una joven que adoptó los tres pilares de la feminidad falsa: la liberación, la independencia y la libertad sexual. Creyó que podía encontrar su propósito y satisfacción en la definición cultural de una mujer exitosa, pero se equivocó.

Nuestra cultura empuja constantemente a las mujeres a aceptar un estilo de vida basado en estas tres cualidades. Muchas de nosotras mordemos el anzuelo de vez en cuando. Aceptamos diferentes aspectos de cada idea. Creemos que, de alguna manera, nos traerá la satisfacción y el propósito que anhelamos.

Personalmente, a ninguna de nosotras nos gustaron los resultados que la feminidad falsa produjo en nuestras vidas. Nunca nos satisfizo ni cumplió con lo prometido. En todo el mundo hay mujeres que están experimentando lo mismo. Construyen sus vidas sobre la base de la feminidad falsa y no están felices con los resultados.

Un estudio llamado *The Paradox of Declining Female Happiness* [La paradoja del declive de la felicidad femenina] descubrió una realidad alarmante: "La vida de las mujeres en los Estados Unidos ha mejorado en los últimos treinta y cinco años en muchos aspectos objetivos. Sin embargo... los aspectos de bienestar subjetivos indican que la felicidad de las mujeres ha disminuido tanto de forma absoluta como con relación a los hombres".[3]

Otro sitio web popular entre las mujeres concuerda con la cita anterior. La autora expresa: "Sinceramente creímos que, si trabajábamos duro, podíamos tenerlo todo y más. Sin embargo, muchas de nosotras terminamos solas, exhaustas y desconsoladas, con mucho menos de lo que habíamos negociado en un principio".[4]

En lugar de dejarnos llevar por la corriente y seguir las tendencias populares para la feminidad, salgamos de la corriente y repensemos esta situación. ¿De qué maneras has creído en estos tres pilares? ¿Consideras que librarte del diseño de Dios te dará un propósito satisfactorio?

Para nosotras, la respuesta es no. Nunca encontraremos satisfacción duradera si aceptamos la feminidad falsa.

*Nunca encontraremos satisfacción duradera si aceptamos la feminidad falsa.*

Es hora de algo mejor.

Según C. S. Lewis: "Somos criaturas poco entusiastas, que pierden tiempo entre la bebida, el sexo y la ambición sin darnos cuenta de que se nos está ofreciendo un gozo infinito, como el niño ignorante que quiere seguir haciendo pasteles de barro en un barrio marginal porque no puede imaginarse lo que significan unas vacaciones cerca del mar. Nos conformamos muy fácilmente".[5]

---

3. Betsey Stevenson y Justin Wolfers, *The Paradox of Declining Female Happiness* (Cambridge, MA: National Bureau of Economic Research, mayo de 2009), http://www.nber.org/papers/w14969.pdf.

4. Anna Pasternak: "Fast Track to Femininity: Why Competing with Men Has Left Women Out of Touch with Their Feminine Side", *Daily Mail*, junio de 2009, http://www.dailymail.co.uk/femail/article-1039030/Fast-track-femininity-Whycompeting-men-left-women-touch-feminine-side.html#ixzz3Pb9DDfr2.

5. C. S. Lewis, *The Weight of Glory* (Nueva York: HarperCollins, 1980). Publicado en español con el título: *El peso de la gloria*, por HarperCollins Español, 2016.

Mujeres, fuimos creadas para algo más que hacer pasteles de barro. Debemos dejar de hacer eso para ir tras algo que nos traiga más satisfacción. Algo que ha demostrado ser exitoso. Dios tiene mucho más reservado para ti como mujer. Tiene un plan aprobado y un propósito divino que es un millón de veces mejor que la feminidad falsa.

CAPÍTULO 3

# GUÍA DE ESTUDIO

## GUÁRDALO EN TU CORAZÓN

*Dar en el blanco de Dios para la feminidad nos lleva a la verdadera satisfacción, y todo lo demás nos conduce a una búsqueda interminable.*

1. ¿Quiénes son las Katie Jones de tu vida? ¿De qué maneras te comparas con ellas?

___

___

___

2. Cuando miras revistas de mujeres en una tienda, ¿qué pensamientos te vienen a la mente? Escribe cuatro maneras en que las imágenes de las revistas han afectado tu percepción de la feminidad.

___

___

___

___

3. Las dos hemos contado nuestras historias de cómo nos dejamos convencer por las mentiras de la feminidad falsa. Ahora es tu momento de hacer una búsqueda espiritual. Escribe una descripción breve de cómo los tres pilares te están influenciando en la actualidad:

LIBERACIÓN: ______________________________

______________________________

______________________________

INDEPENDENCIA: ______________________________

______________________________

______________________________

LIBERTAD SEXUAL: ______________________________

______________________________

______________________________

4. ¿Estás satisfecha con los resultados de la feminidad falsa en tu vida? ¿Por qué?

HAZLO *Hoy*

¿Tienes alguna revista, película, libro, etc., que fomente la feminidad falsa? Si es así, te desafiamos a que hoy tires a la basura uno de esos artículos (¡mejor deshazte de todos!).

PARTE 2

# VOLVAMOS AL DISEÑO DE DIOS

# 4. ADIÓS, MODELAJE. HOLA, NUEVO RUMBO

Cuando Bethany y yo teníamos poco más de veinte años, nos dio mucha curiosidad. La semilla que había echado raíces en nuestros corazones cuando éramos más jóvenes finalmente estaba a punto de florecer. Queríamos explorar el mundo del modelaje. A decir verdad, nuestras esperanzas no eran tan altas. Dábamos por sentado que, salvo un milagro, nuestras convicciones morales y la vida como modelos tal vez no serían compatibles. Sin embargo, no queríamos perder una oportunidad sobre la base de nuestras suposiciones. Queríamos estar seguras. Teníamos que saberlo de primera mano.

Nos sentamos en nuestra sala de estar con nuestros padres y discutimos los detalles. Nos explicaron los posibles inconvenientes e intentaron convencernos de abandonar la idea y seguir con nuestras vidas; pero no nos dimos por vencidas. Con su apoyo a regañadientes, contactamos con los reclutadores de modelos.

## El recorrido de modelaje de Kristen

Varios días después de mi estresante entrevista con Jessica Brown, que relaté anteriormente, recibí una llamada donde me decían que ¡la agencia quería que me uniera al equipo! Según Jessica, parecía que mis convicciones personales y el mundo del modelaje podían ir de la mano. La agencia se enorgullecía de estar "a favor de la familia" y "en contra de la desnudez". Yo estaba muy entusiasmada. De inmediato fui a la oficina de Jessica para firmar un contrato por un año. Y, por si fuera poco, también firmé un acuerdo escrito donde constaba que nunca me vería obligada a hacer un trabajo o usar alguna prenda con la que no me sintiera cómoda. ¡Un golazo! Parecía un sueño hecho realidad.

Comencé a trabajar para la agencia a medio tiempo con trabajos de modelo esporádicos. Las cosas parecían ir bastante bien hasta mitad de año. Jessica empezó a enviarme trabajos que cruzaban la línea de mis límites personales. Me decía cosas como: "Nunca llegarás a algo grande a menos que tomes todos los trabajos que puedas".

A medida que pasaba el tiempo, la presión aumentaba. Podía sentir que, si no ponía en riesgo mis valores, no sería bien recibida por mucho tiempo. Comencé a tener miedo a las llamadas telefónicas y los correos electrónicos. Sabía que me estaban presionando, y no me gustaba.

Después de varios meses más de interacciones incómodas con personal de la agencia, estaba lista para enfrentar la cruda verdad. Sabía que no estaban interesados en tenerme como un "peso muerto". Querían que el nombre de la agencia se hiciera conocido y necesitaban que sus modelos los ayudaran a lograrlo.

*Mis sueños idílicos sobre el modelaje se enfrentaban cara a cara con la realidad.*

El éxito en la industria del modelaje se basa en qué tan alto puedes subir en la escalera del modelaje. A mí ya no me interesaba subir más. Me imaginaba en cinco o diez años y no me gustaba lo que veía. Sabía que iba a tener que ceder. Sabía que cada vez que bajara la vara, sentiría la presión de bajarla una vez más. Sabía que me obsesionaría por completo con mi apariencia exterior. Sabía que las drogas, el alcohol y los desórdenes alimentarios en el mundo del modelaje estaban a la orden del día. Sabía que, con el tiempo, tendría que mudarme y, por defecto, las otras modelos se convertirían en mi familia. Mis sueños idílicos sobre el modelaje se enfrentaban cara a cara con la realidad.

Decidí hacer una lista de las ventajas y desventajas para ayudarme a evaluar en serio la situación. Mi lista de ventajas tenía dos cosas: (1) Podía ganar bastante dinero y (2) podía tener el título de *modelo*. Mi lista de desventajas era interminable. Demasiadas para enumerar.

La respuesta era clara. Decidí renunciar después de finalizado mi contrato de un año y, en cambio, centré mi atención en un nuevo rumbo.

## El recorrido de modelaje de Bethany

Mi recorrido de modelaje fue totalmente opuesto al de Kristen. Sin darme cuenta, elegí una agencia que no tenía el memorando de "estar a favor de la familia y en contra de la desnudez". ¿Recuerdas a Jeff?

Digamos que no era el tipo de hombre que se preocupaba por la comodidad de las otras personas. No le interesaba perder tiempo. Durante la entrevista, debió de haber sentido mi titubeo.

Jeff decidió cortar mi titubeo de raíz y dejar las cosas muy claras. Dijo: "No estoy buscando a las mujeres más hermosas para que trabajen en mi empresa. Prefiero tomar una joven menos atractiva que esté dispuesta a hacer más. Quiero que mis modelos lleguen a la cima. Para hacer eso, tienes que tomar cualquier trabajo que te ofrezcamos".

No supe qué decir. No me interesaba mostrar mi cuerpo al mundo. No estaba desesperada por ese trabajo. Solo exploraba la oportunidad. Jeff interrumpió mis pensamientos y continuó con su reproche: "¿Sabes que durante el fin de semana pasado tuvimos una convocatoria para modelos? Todo este edificio estaba lleno de jóvenes que se morían por una oportunidad de modelar con nuestra empresa. Por lo general, nuestra agencia nunca realiza entrevistas privadas fuera de la convocatoria. Esta es una excepción especial, señorita".

En ese momento de la entrevista, ya había oído lo suficiente. *Corre por tu vida, Bethany* —pensé; pero por fuera solo sonreí, asentí y esperé a que él terminara. No podía esperar para salir de la oficina de Jeff. Estaba completamente asqueada y perturbada. Las fotos de las mujeres casi desnudas que cubrían las paredes. La forma en que describía la "pasarela". Cómo aclaraba que solo quería modelos "dispuestas a mostrar todo". La forma en que hablaba de las mujeres. Asco. Asco. Asco.

Jeff y yo pasamos por algunas formalidades más antes de reconocer que ese trabajo no era para mí. Antes de salir de la oficina de Jeff, me dio un último consejo: "Cuando dejes el techo de tus padres y ganes algo de independencia, intenta sentirte cómoda con tu propia piel. Luego, regresa y podremos hablar un poco más". Con eso de sentirme cómoda con mi propia piel quería decir que estuviera dispuesta a desvestirme ante las cámaras. *Bueno… Eh. Gracias por el consejo, pero no.*

Le di la mano, salí de la agencia, subí a mi auto e inmediatamente me desinfecté las manos con alcohol en gel. Ese día me fui absolutamente segura de que nunca querría ser modelo. No quería trabajar para tipos como Jeff. No quería vender mi imagen. No quería competir con miles de mujeres. No quería quitarme toda la ropa. No estaba dispuesta a cambiar mi vida por el título de *modelo*. Ese sueño había terminado y ya no había marcha atrás.

Ese día me fui absolutamente segura de que nunca querría ser modelo.

## El fin de nuestros sueños de modelaje

A través de esas experiencias breves de modelaje, nuestros deseos se hicieron realidad. Ya no teníamos que suponer nada. Lo habíamos experimentado de primera mano. Un vistazo a la industria fue suficiente. Todo acerca del estilo de vida de una modelo nos parecía poco atractivo. La presión constante para lucir increíble. La competencia diaria para vencer a otras mujeres. El estrés de tratar siempre de lucir mejor. Ser más delgada. Tener la piel más clara. Hacer tratamientos contra la celulitis, las arrugas y las espinillas. Sin mencionar los desórdenes alimentarios, las drogas, el alcohol y los fotógrafos repugnantes.

Ser modelo parecía algo ideal hasta que se convirtió en una realidad posible. Los hechos eran desagradables, y no queríamos tener nada que ver con eso.

*Ser modelo parecía algo ideal hasta que se convirtió en una realidad posible.*

Cuando pusimos fin a nuestros sueños de modelaje, fue el momento de considerar seriamente el propósito y el plan de Dios para nuestras vidas. Sabíamos que Dios tenía algo más reservado para nosotras. Sabíamos que Dios nos creó como mujeres a propósito y con un propósito. Entendíamos los conceptos básicos de nuestro género y feminidad, pero queríamos ir más profundo. Queríamos entender el objetivo de Dios para nosotras como mujeres. Esta era nuestra única oportunidad en la vida. No tendríamos otra. Era ahora o nunca. No queríamos desperdiciarla. No queríamos pasar nuestras vidas apuntando al objetivo equivocado.

## Una mejor dirección

Imagínate en un punto de partida con varios caminos a elegir. Miras detenidamente cada uno de los caminos. Estudias el mapa. Observas cómo otras personas eligen su camino y comienzan a andar. Miras el mapa y te das cuenta de que cualquier camino que elijas es por donde andarás durante varias horas. ¿Qué pasa si no te gusta el camino? ¿Qué pasa si llegas a la mitad y te das cuenta de que elegiste mal? Miras tu mapa una vez más y decides avanzar. Cruzas los dedos, esperas haber tomado la mejor decisión.

Así es exactamente como nos sentíamos las dos después de la

experiencia de modelaje. Sentíamos que estábamos en el punto de partida de la vida. Había varios caminos para elegir, pero ¿cuál era el mejor? Cualquier camino que tomáramos determinaría el curso de los siguientes años de nuestras vidas, por no decir de toda nuestra vida.

No queríamos llegar a mitad de camino y pensar: *¡Oh, no! Deberíamos haber elegido un camino diferente.* No nos interesaba dar marcha atrás. No queríamos desperdiciar nuestra energía. No queríamos desperdiciar nuestro tiempo yendo hacia el objetivo final equivocado. Queríamos comenzar bien. Queríamos estudiar el mapa minuciosamente y estar seguras de ir en la mejor dirección.

*No queríamos desperdiciar nuestro tiempo yendo hacia el objetivo final equivocado.*

En ese momento de nuestras vidas, sin duda alguna, teníamos una comprensión de nuestra feminidad mejor que el promedio. Fuimos muy bendecidas de tener padres que se amaban y que se tomaron el tiempo para enseñarnos y guiarnos como mujeres jóvenes. Nos dieron una base sólida en la cual apoyarnos y nos señalaron la dirección correcta. Contar con esa preparación fue importantísimo. Sin embargo, con el tiempo, tuvimos que hacernos cargo de nuestras vidas. No podíamos hacer todo según "lo que mamá y papá decían". Nuestras creencias tenían que guiarnos. Teníamos que hacer propias nuestras elecciones.

Aunque parezca mentira, nunca nos habíamos tomado el tiempo para orar en serio por nuestro futuro. Sí, habíamos orado por ciertos aspectos de nuestro futuro como: "Dios, ¿debería aceptar esta beca de baloncesto?". "Dios, ¿debería asistir a la escuela bíblica?". "Dios, ¿debería tener una relación con ese joven?". Orábamos por las cosas específicas de nuestras vidas, pero ninguna de nosotras se sentó y preguntó: "Dios, ¿cómo puedo servirte y glorificarte mejor?".

Felizmente, Dios nos agarró antes que nos precipitáramos en un camino específico. Usó nuestras entrevistas y experiencias de modelaje para animarnos a mirar hacia adelante y considerar seriamente hacia dónde estábamos yendo.

Comenzamos a hacernos preguntas que, finalmente, nos dirigirían al camino donde estamos ahora. Cada una se preguntó: "Dios, ¿cómo quieres que use mi feminidad para tu gloria? ¿Qué tienes que decir sobre la maternidad, el matrimonio, la pureza, el trabajo y el romance?". Ambas nos preguntábamos: *Si sigo en el camino por el que voy, ¿dónde terminaré? ¿A dónde me llevará este camino dentro de cinco años? ¿Dentro de diez años? ¿Es ahí donde quiero estar? ¿Es eso lo mejor de Dios?*

Determinadas a encontrar respuestas, compramos decenas de libros cristianos sobre la feminidad. Estudiamos mucho. Cada tema. Cada estilo de escritura. Todo. Asistimos a conferencias cristianas y a estudios bíblicos de mujeres. Nos tomamos esto muy en serio. Nuestros futuros estaban en juego mientras luchábamos por descubrir el propósito de Dios para nuestras vidas como mujeres.

Con meses de estudio en nuestro haber, el camino que Dios definió para la feminidad se hizo más evidente. Empezamos a vivir conforme a nuestras creencias dejando que nos moldeen y que sean parte de nosotras. Y comenzaron a influenciar nuestro pensamiento y a determinar nuestras elecciones.

Una vez que entendimos el diseño y el propósito de Dios para las mujeres, su objetivo se hizo evidente. Ya no estábamos confundidas o preocupadas por el futuro. Ya no apuntábamos nuestras flechas a la dirección que la cultura nos señalaba. Podíamos ver con claridad la diferencia entre la feminidad falsa y la feminidad tal como Dios la define. Finalmente, tuvimos una visión clara de cómo Dios quería que usáramos nuestras vidas como mujeres para su gloria. En el próximo capítulo, exploraremos exactamente lo que eso significa.

Una vez que entendimos el diseño y el propósito de Dios para las mujeres, su objetivo se hizo evidente.

CAPÍTULO 4

# GUÍA DE ESTUDIO

## GUÁRDALO EN TU CORAZÓN

*Elegir el estilo de vida como Dios lo define es una de las mejores decisiones que puedes tomar.*

1. ¿Alguna vez te has detenido a pensar en el camino que está siguiendo tu vida? Si sigues en tu camino actual, ¿dónde estarás dentro de cinco años?

_______________________________________________

_______________________________________________

_______________________________________________

2. Te retamos a tomarte un tiempo durante los próximos siete días para orar por tu camino actual, así como también por tus planes futuros.

   *Amado Dios, ayúdame a ver las áreas de mi vida donde no te estoy honrando. Ayúdame a discernir, a través de tu Palabra, si mis planes de vida se alinean con lo que deseas para mi feminidad. Ayúdame a no perder el tiempo y energía en un camino sin salida. Examina mi corazón y ajusta mis deseos para que se alineen con tu verdad. Por favor, ayúdame a obtener una visión de mi feminidad y de mi futuro como tú los defines. Amén.*

3. Después de mucho orar, nos dimos cuenta de que Dios nos había dado una pasión por ministrar a las mujeres. ¿Qué pasiones y dones te ha dado Dios?

_______________________________________________

_______________________________________________

_______________________________________________

4. ¿Cómo puedes usar esas pasiones y esos dones para servir a Dios?

_______________________________________________

_______________________________________________

_______________________________________________

## HAZLO *Hoy*

Como declara Proverbios 29:18: "Sin profecía el pueblo se desenfrena". En dos o tres oraciones, escribe lo que crees que significa este versículo.

_______________________________________________

_______________________________________________

_______________________________________________

# 5. GÉNERO, ERES MAGNÍFICO

Imagina que entras a una tienda de ropa, y el vendedor se acerca y dice:

—Le damos la bienvenida a nuestra tienda, caballero... o dama.

Sorprendida, levantas las cejas y dices:

—¡Eh!... soy una *dama*, no un *caballero*.

—¡Uy!, discúlpeme —responde arrepentido—. Simplemente, no quise darlo por sentado. Más vale prevenir que curar en estos días.

Agraviada y confundida, te vas y te preguntas por qué alguien se referiría a ti como caballero.

Es poco probable que eso te suceda hoy, pero podría convertirse en una realidad en algún momento futuro. De hecho, ya está sucediendo en un jardín de infantes de Suecia.

El jardín de infantes Egalia, financiado por contribuyentes, ha decidido que el lenguaje y las acciones específicas de género son perjudiciales para los niños y la sociedad. En vez de referirse a los niños como "niños" y "niñas" o usar pronombres como "él" o "ella", los miembros del personal se refieren a todos como "amigos".

Un artículo del diario *The Star* además señala: "Desde el

color y la ubicación de los juguetes hasta la elección de los libros, cada detalle se ha planeado cuidadosamente para asegurarse de que los niños no caigan en los estereotipos de género. Casi todos los libros para niños tratan temas como las parejas homosexuales, los padres solteros o los hijos adoptivos. No existen 'Blancanieves', 'Cenicienta' ni otros cuentos de hadas clásicos que consoliden los estereotipos".

La directora Lotta Rajalin declara que el personal también intenta ayudar a los niños a descubrir nuevas ideas cuando juegan.

"Un ejemplo concreto podría ser cuando están jugando a la 'casita' y alguien ya tomó el rol de la madre y comienzan a pelear —explica—. Entonces, sugerimos dos mamás o tres mamás y así sucesivamente".[1]

El objetivo subyacente de este jardín de infantes sueco es borrar todas las distinciones de género entre hombres y mujeres. Lucha por crear un mundo donde no exista el género y donde cada persona pueda "elegir" de qué género quiere ser.

Aunque todavía muchas personas consideran que este tipo de pensamiento es extremo, lentamente está ganando popularidad. Desde tiendas de ropa unisex, baños unisex, nombres de bebés unisex hasta juguetes unisex, la sociedad promueve sutilmente la idea de que el género no es importante. ¿Mujer? ¿Hombre? ¿A quién le importa? Somos todos iguales. Deberíamos hacer las mismas cosas.

En lugar de promover nuestro diseño hermoso y único como mujeres, nos dicen que realmente no es tan especial. Realmente no somos tan diferentes a los hombres. Y esa mentalidad nos ofende a ambos. Como mujeres, estamos orgullosas de cómo Dios nos hizo y no nos gusta que nos metan en un molde neutral. No tenemos que ser "iguales" a los hombres para tener valía e igualdad. Sabemos que Dios diseñó a las mujeres y a los hombres para que sean igualmente valiosos, pero con un propósito distinto en sus roles.

---

1. Jenny Soffel, "Swedish Preschool Takes Aim at Gender", *The Star*, 23 de junio de 2011, http://www.thestar.com/news/world/2011/06/23/swedish_preschool_takes_aim_at_gender_stereotypes.html.

Sin embargo, lamentablemente, muchas iglesias y comunidades cristianas aceptan este mensaje del género neutro. En vez de luchar por nuestras diferencias únicas, aceptamos la mentira de que la similitud es mejor. Nos dejamos convencer por las mentiras de que la masculinidad y la feminidad son intercambiables. Que los esposos y las esposas deberían compartir los mismos roles. Que no hay diferencia entre los papás y las mamás. Nuestra cultura está intentando borrar las diferencias de género de nuestro vocabulario, y muchas de nosotras estamos mordiendo el anzuelo, la carnada, la línea y la plomada.

Quizás no creas las mentiras sobre el género, pero suponemos que, sin saberlo, probablemente hayas aceptado algunas de sus mentiras (¡nosotras lo hicimos!). Es casi imposible no hacerlo. La visión moderna, que nuestra cultura tiene sobre el género, se infiltra en casi todos los programas de televisión, películas, canciones, revistas y libros. Está en todas partes. Como un lobo con piel de cordero, esta cosmovisión está sutilmente comiéndose vivas a la Iglesia y las familias.

En vez de recurrir primero a la Palabra de Dios y permitirle conformar nuestra cosmovisión sobre el género, muchas de nosotras hacemos lo contrario.

## La asimilación del mensaje

Los resultados de rechazar los roles de género que Dios define han sido devastadores para nuestra sociedad. Los hombres ya no saben cómo ser hombres. Las mujeres ya no saben cómo ser mujeres. Los matrimonios están en ruinas. Las relaciones están en crisis. Las casas son como hoteles. Las cocinas son como autoservicios. La unidad familiar se está destruyendo desde dentro hacia afuera.

En vez de recurrir primero a la Palabra de Dios y permitirle conformar nuestra cosmovisión sobre el género, muchas de nosotras hacemos lo contrario. Nos llamamos cristianas. Vamos a la iglesia. Tratamos de leer la Biblia con cierta frecuencia, pero cuando tenemos que decidir, la Palabra de Dios no es el factor determinante en el que creemos. Leemos la Biblia y decimos: "Es una linda historia… bastante alentadora". Luego prestamos atención a los mensajes del mundo, abrimos nuestros oídos a las diferentes ideas y asimilamos lo que nos dicen. Dejamos que el mundo conforme nuestras creencias sobre el género. Permitimos que la cultura nos diga cómo vivir como mujeres.

La Palabra de Dios se convierte en nada más que un libro inspirador lleno de enseñanzas alentadoras. Como resultado, nosotras, como mujeres cristianas, cosechamos muchas de las mismas consecuencias que vemos en la sociedad predominante. Si queremos mejores resultados para nuestra feminidad y nuestras familias, tenemos que volver al diseño de Dios para el género.

## La búsqueda de la verdad

Aunque las dos crecimos en una excelente familia cristiana, tuvimos que establecer nuestras propias convicciones personales. Como mencionamos anteriormente, no fue hasta después de nuestras experiencias de modelaje que empezamos realmente la búsqueda. Y, en nuestra búsqueda, comenzamos a entender que el diseño de Dios para el género es muy diferente.

*Una vez que la Palabra de Dios conformó nuestra cosmovisión, cambiamos radicalmente nuestra forma de vivir.*

Entonces, ¿qué hicimos? Estudiamos la Palabra de Dios: la Biblia. Después de pasar un tiempo viendo el libro de Génesis, el diseño de Dios para el hombre y la mujer se hizo evidente como nunca antes. Al estudiar las Escrituras, dejamos a un lado las ideas de nuestra cultura y dijimos: "Dios, muéstranos tu diseño. Nos rendimos humildemente a tu plan". Entonces y solo entonces, la Palabra de Dios tomó completa autoridad en nuestras vidas. Entonces y solo entonces, nuestros corazones cedieron a la feminidad bíblica. Una vez que la Palabra de Dios conformó nuestra cosmovisión, cambiamos radicalmente nuestra forma de vivir.

Si quieres que la Palabra de Dios transforme tu vida y tu corazón, debes permitirle conformar tu visión del mundo.

Retrocede con nosotras en el tiempo para ver la historia de amor más romántica de todos los tiempos. La historia de amor donde nació el género.

## Ella era su mujer

Todos los ojos estaban sobre él. Hubo un cambio en el viento. Algo magnífico estaba a punto de suceder. Decenas de animales recién creados estaban cerca de la línea de la vegetación. Estaban observando. Estaban esperando. La tierra comenzó a moverse. Un cúmulo de tierra comenzó a formarse. Dios extendió sus manos hacia el polvo para moldearlo y darle forma. Añadió un poco más. Moldeó la tierra en una forma misteriosa. Los animales fijaron su mirada en esa masa inmóvil. Después sucedió algo increíble. Algo extraordinario. Dios se inclinó y sopló en la nariz de ese cúmulo de tierra sin vida. Los animales ni pestañeaban. Entonces, sucedió lo inimaginable. El cúmulo de tierra comenzó a moverse. Dios dio un paso atrás para observar.

Al inhalar y exhalar, el cúmulo de tierra comenzó a incorporarse. La criatura se levantó lentamente de la tierra y se puso de pie. Los animales miraban asombrados mientras el polvo caía al suelo. ¿Qué era esa cosa? Era diferente a todo lo que Dios había hecho antes. Dios sonrió a su nueva creación. A diferencia de los animales, esta criatura también le sonrió. Por primera vez, un ser humano se paraba delante de Dios. "Entonces Jehová Dios formó al hombre del polvo de la tierra, y sopló en su nariz aliento de vida, y fue el hombre un ser viviente" (Génesis 2:7).

El primer ser humano había llegado, pero no tenía un lugar para vivir. Dios aún no había terminado con los milagros. La Biblia señala: "Y Jehová Dios plantó un huerto en Edén, al oriente;

y puso allí al hombre que había formado... Tomó, pues, Jehová Dios al hombre, y lo puso en el huerto de Edén, para que lo labrara y lo guardase" (Génesis 2:8, 15). Dios plantó un huerto especial, un hogar, para que Adán viviera en él y lo trabajara. Mientras exploraba este increíble paraíso, Dios se le acercó a Adán. Tenía que darle algunas reglas sobre el cuidado del hogar. Miró a Adán con amor y con preocupación en sus ojos y dijo: "De todo árbol del huerto podrás comer; mas del árbol de la ciencia del bien y del mal no comerás; porque el día que de él comieres, ciertamente morirás" (Génesis 2:16-17). Adán asintió con un gesto de comprensión.

Dios se alejó, pero regresó pronto. Esta vez con una fila de animales del campo y aves del cielo detrás de Él. Señaló a los animales y le explicó a Adán que debía ponerle nombre a cada uno. Uno a uno los animales se pararon delante de Adán, y él les puso nombre. Cuando el último canguro se fue saltando, por primera vez Adán se dio cuenta de algo. Estaba solo. Era el único ser humano en la tierra. Todos los animales tenían una compañera, pero él no tenía a nadie. Mientras Adán miraba con expectación a la distancia, Dios supo que era la hora. Adán dio unos pasos y se recostó para descansar en un área suave cubierta de hierba. No sabía lo que iba a suceder.

*Todos los animales tenían una compañera, pero él no tenía a nadie.*

Después de un rato, abrió los ojos lentamente. El sol brillaba a través de los árboles mientras soplaba una suave brisa. El aire fresco lo despertó de su profundo sueño. Al darse la vuelta en la hierba aterciopelada, sintió algo extraño. Había algo diferente. Miró a la derecha y notó que algunos animales lo observaban. Estiró los brazos, bostezó y miró en la otra dirección. Quedó estupefacto. Un suave suspiro escapó de su boca.

Sus ojos se fijaron en una criatura misteriosa que estaba parada delante de él. Era hermosa. Al darse cuenta de quién era esa increíble criatura, quedó boquiabierto. Al tocarse el costado, lo entendió. ¡Ella era para él! Se puso de pie de un salto y con entusiasmo exclamó: "Esto es ahora hueso de mis huesos y carne de mi carne; ésta será llamada Varona, porque del varón fue tomada" (Génesis 2:23).

Eva sonrió al ver el entusiasmo de Adán. Había sido hecha para él, y lo sabía y le encantaba. Adán se acercó y suavemente le tomó la mano. Vamos —dijo con alegría—. Hay mucho que ver en el huerto. Te enseñaré todo lo que necesitas saber.

*Había sido hecha para él, y lo sabía y le encantaba.*

De la mano de un amor perfecto, siguió a su nuevo esposo por el paraíso.

## Había una vez un matrimonio perfecto

¿Te has preguntado alguna vez cómo fueron esos primeros momentos en el huerto? ¿Te has preguntado cómo eran Adán y Eva? ¡Nosotras nos preguntamos siempre esas cosas! ¿Eran altos, bajos, de piel clara u oscura? ¿Él sería guapo y ella hermosa? ¿Tendrían los dientes blancos y brillantes? Muchas preguntas. Independientemente de cómo se veían, eran perfectos. Eso lo sabemos. Dios los creó con sus propias manos.

Antes de formar a Adán y Eva, no había seres humanos en la tierra. Podría haber creado lo que quisiera. Cualquier cosa. Sin embargo, ¿qué hizo? Creó dos géneros distintos. Un hombre y una mujer. Cuando Dios formó a los primeros seres humanos, fue intencional en cada movimiento. Hizo las cosas en un orden específico por una razón específica. Podría haber simplificado las cosas al crear solo un género, pero ¿por qué un Dios tan complejo querría hacer eso? Es absolutamente creativo. En cambio, creó algo de diversidad. Un poco de emoción. Hizo dos géneros distintos que se complementaran el uno al otro.

El orden en que Dios eligió crear a Adán y Eva es fascinante. Revela varias cosas sobre los roles de género. Muchas personas leen por encima el libro de Génesis con una actitud de "ya lo sé, ya lo escuché". Sin embargo, si te detienes a leerlo con más atención, también podría fascinarte.

Para empezar, Dios creó a Adán antes que existiera el huerto del Edén. No fue sino hasta que formó a Adán que Dios plantó el huerto y lo puso allí (Génesis 2:7-8). Adán recibió reglas, tareas y responsabilidades mucho antes que Eva entrara en escena (v. 15). ¿Por qué? Porque Dios estaba ayudando a Adán a convertirse en un líder. Le estaba dando participación activa. Estaba preparando a Adán para su papel de esposo, padre y líder. Adán estaba a cargo de cultivar el huerto (vv. 15, 19-20). Debía poner nombre a cada uno de los animales. Tenía que comprender y obedecer las reglas del huerto (vv. 16-17). Adán cuidaba su nuevo dominio antes que Eva entrara en escena. Esos detalles son una parte muy importante de la historia. No las podemos pasar por alto, porque nos brindan información sobre el diseño de Dios para el género.

El matrimonio de Adán y Eva fue una unión perfecta en total y feliz armonía.

Cuando finalmente Adán se estableció en su lugar, Dios supo que era la hora. Adán estaba listo. "Y dijo Jehová Dios: No es bueno que el hombre esté solo; le haré ayuda idónea para él" (v. 18). (En el próximo capítulo, vamos a profundizar en el verdadero significado de la palabra "ayuda").

El matrimonio de Adán y Eva fue una unión perfecta en total y feliz armonía. Eva respetaba a su esposo de manera incondicional, y él la valoraba sin reservas. La vida era perfecta. Literalmente. Nunca peleaban sobre qué papel era el más importante. Sabían que cada uno tenía tareas distintas, pero igual de valiosas. Y la vida era maravillosa.

Entonces, ¿por qué las distinciones de género son tan trascendentes y por qué hoy nos atañen tanto?

## Igualmente valiosos, pero con propósitos distintos

A mí (Kristen) realmente me encanta bailar. Principalmente, el *swing*. Hace varios años, mi esposo Zack y yo decidimos tomar clases de *swing*. ¡Ay! Fue una experiencia de aprendizaje divertidísima para los dos. Nos paramos uno frente al otro, posé mis manos suavemente sobre las suyas. La música comenzó a sonar y empezamos a movernos. Paso, paso, paso de balanceo. Paso, paso, paso de balanceo. Nos veíamos bastante bien. Hasta que Zack intentó hacerme girar. Yo intenté anticiparme a su movimiento y lo arruiné todo. Fui para un lado y él fue para el otro. El instructor de baile se dio cuenta de nuestro error y rápidamente vino al rescate.

—Bueno —dijo—. Tienen un problema común. No puedes anticiparte a los movimientos de tu esposo —continuó dirigiéndose a mí—. Tienes que relajar el cuerpo. Mantén los brazos y las muñecas firmes y deja que él te guíe.

—No me di cuenta de que estaba haciendo eso —dije—. Entendido. Gracias por el consejo.

Después de esa noche, Zack y yo decidimos que el baile es una gran práctica para el matrimonio. Si queremos ser buenos bailarines, tenemos que entender algunas reglas básicas. El baile necesita de una persona que guíe y de otra que lo siga: dos personas que entienden su rol y lo cumplan. Requiere un trabajo en equipo y en unanimidad. Si una persona no cumple su rol, el baile no funciona como debería. Un rol no es más valioso que el otro. Son igualmente valiosos pero distintos. Ambas personas deben contribuir para tener éxito.

*Cuando el hombre y la mujer actúan según el diseño de Dios, el baile funciona.*

El género funciona de la misma manera (sabías que iba a decir esto). Dios diseñó al hombre con un rol y un propósito específico. Del mismo modo, diseñó a la mujer con un rol y un propósito específico. Cuando el hombre y la mujer actúan según el diseño de Dios, el baile funciona. Cuando no lo hacen, se equivocan y hay confusión.

Al igual que las parejas de baile, un género no es más valioso que el otro. Ambos son igualmente valiosos para Dios. De hecho, cuando Dios creó a la humanidad, ¿sabes lo que dijo?: “Hagamos al hombre a nuestra imagen, conforme a nuestra semejanza... Y creó Dios al hombre a su imagen, a imagen de Dios lo creó; varón y hembra los creó” (Génesis 1:26-27). ¡Bum! Caso cerrado. Este versículo señala claramente que ambos géneros fueron hechos a imagen de Dios. Ambos géneros son igualmente valiosos.

Los hombres y las mujeres fueron creados para reflejar diferentes partes del carácter y la naturaleza de Dios. Y, al hacerlo, glorificamos a Dios. Como indica el libro *Mujer Verdadera 101*: “Los hombres fueron creados para reflejar la fuerza, el amor y la abnegación de Cristo. Las mujeres fueron creadas para reflejar la sensibilidad, la gracia y la belleza de la novia que Él redimió”.[2] Como mujeres, glorificamos mucho más a Dios cuando aceptamos y vivimos su diseño para nuestro género.

> Como mujeres, glorificamos mucho más a Dios cuando aceptamos y vivimos su diseño para nuestro género.

¿Alguna vez te has detenido a pensar en las características únicas que Dios nos dio como mujeres? ¡En serio! Nuestro cuerpo está diseñado de manera diferente al de los hombres. Por lo general, tenemos piel más suave, menos músculo y contextura más pequeña. Tenemos la capacidad de quedar embarazadas y llevar un bebé dentro del vientre. Tendemos a ser más relacionales y maternales.

Dios nos predeterminó para ser diferentes a los hombres por una razón. Y esa razón debería importarnos. El libro de Génesis demuestra que la escuela de Suecia está equivocada. Dios nos creó deliberadamente para ser mujeres. Nuestras características y dones únicos deberían darnos información sobre el diseño de Dios para nosotras. Ahondaremos más sobre nuestro diseño único en el próximo capítulo.

---

2. Mary A. Kassian y Nancy Leigh DeMoss, *Mujer Verdadera 101: Diseño divino* (Grand Rapids: Portavoz, 2014), p. 31.

## Advertencia: Estás entrando en la batalla de los sexos

Cuando Dios creó a Adán y Eva, sus vidas eran perfectas. El pecado no los afectaba en absoluto. A Eva le resultaba fácil cumplir su rol de esposa de Adán. Aceptó el diseño de Dios para su feminidad y lo disfrutaba. A Adán le resultaba fácil liderar de manera abnegada. Le era natural.

Luego, un día, una serpiente escurridiza apareció en escena y estratégicamente apuntó a Eva. Todo lo que necesitó fue una pequeña pregunta. Una pequeña semilla de duda: "¿Conque Dios os ha dicho: No comáis de todo árbol del huerto?" (Génesis 3:1).

Presta atención a lo que Satanás hizo aquí. Deliberadamente, cuestionó la autoridad de Dios: "¿Conque Dios os ha dicho...?". Satanás sabe que la Palabra de Dios es el fundamento de toda verdad. Si él logra que cuestionemos lo que Dios dice, puede engañarnos para que creamos una mentira. Y eso es exactamente lo que hizo con Eva. Ella cuestionó a Dios y su fundamento se desmoronó. Le dio un mordisco a la fruta prohibida y luego le dio un poco a Adán.

¿Cuál fue el resultado de su desobediencia? El pecado. La confianza, el amor, la paz y la seguridad que disfrutaban desaparecieron. El pecado infestó sus vidas inmediatamente. Sus castigos eran relativos a cada sexo, lo que les hizo más difícil funcionar según el diseño de Dios. El pecado echó a perder la feminidad de Eva. Y el pecado echó a perder la hombría de Adán. En ese momento comenzó la guerra de los sexos. Se perdió para siempre la armonía perfecta.

> *El pecado echó a perder la feminidad de Eva. Y el pecado echó a perder la hombría de Adán.*

Hoy día, seguimos cosechando las consecuencias del pecado de Adán y Eva. Es la razón por la que nos resistimos a los roles de género que Dios define. Por eso el género se ha vuelto tan complicado. Es lo que hace que, como mujeres cristianas, nos sea difícil aceptar el diseño de Dios. En vez de vivir juntos en perfecta armonía, los hombres y las mujeres estamos enfrentados.

Satanás todavía está vivito y coleando: "Sed sobrios, y velad; porque vuestro adversario el diablo, como león rugiente, anda alrededor buscando a quien devorar" (1 Pedro 5:8). Se desliza y nos susurra al oído la misma pregunta que le hizo a Eva: "*¿Conque Dios* dijo que los hombres y las mujeres son diferentes?". "*¿Conque Dios* dijo que la feminidad importa?". "*¿Conque Dios* dijo que los roles de género son importantes?". "*¿Conque Dios* dijo que la maternidad es valiosa?". "*¿Conque Dios* dijo que la feminidad es única?". Satanás usa las mismas tácticas que usó con Eva. Su objetivo es que todos cuestionemos la autoridad de la Palabra de Dios.

Él sabe que, si cuestionamos la Biblia, prestaremos nuestros oídos a otras opiniones. Sabe que buscaremos las respuestas en algún otro lugar.

Si bien el daño por el pecado ha sido grande, felizmente la historia no ha terminado. La esperanza es lo último que se pierde.

## Muchacha, vale la pena luchar por tu género

Nuestra feminidad ha quedado marcada pero no cercenada. Dañada pero no quebrada. Servimos a un Dios experto en restauración. Lo que Satanás pensó para mal, Dios lo usará para bien. Y comienza contigo. Comienza con nosotras.

> La única forma de restaurar nuestra feminidad es volver al diseño de Dios para el género.

A pesar de lo que piensa la sociedad, el movimiento sobre el género neutro no conducirá a la restauración. No conducirá a la satisfacción. No puede. ¿Por qué? Porque su fundamento está basado en una mentira. Una mentira que sostiene que la felicidad y la satisfacción duraderas pueden encontrarse fuera del diseño de Dios. Es la misma mentira que creyó Eva. Al final, este movimiento hará que las mujeres (y los hombres) se sientan vacías, sin esperanza y solas.

La única forma de restaurar nuestra feminidad es volver al diseño de Dios para el género. Tenemos que creer lo que la Palabra de Dios dice y fundar nuestras vidas en su verdad. Todas las mujeres cristianas tienen que tomar una decisión crucial. La decisión de seguir la Palabra de Dios en vez de escuchar al mundo. La decisión de dar un paso de fe y aceptar los roles de género bíblicos.

Sin embargo, esta no es una tarea fácil. Se necesitan mujeres fuertes. Mujeres que amen al Señor. Mujeres que quieran luchar por la verdad. Mujeres que estén dispuestas a nadar contra la corriente.

## CAPÍTULO 5

# GUÍA DE ESTUDIO

### GUÁRDALO EN TU CORAZÓN

*Como mujeres, glorificamos mucho más a Dios cuando aceptamos y vivimos su diseño para nuestro género.*

1. ¿Qué influencia ha tenido la mentalidad de un género neutro en tu manera de pensar?

___

___

___

2. ¿Quién o qué está influenciando tu cosmovisión sobre el género?

   En una escala del 1 al 10 (1 es ninguna influencia y 10 es mucha influencia), ¿cuánto te están influenciando cada una de las siguientes áreas?

| | |
|---|---|
| Programas de TV | 1 2 3 4 5 6 7 8 9 10 |
| Música | 1 2 3 4 5 6 7 8 9 10 |
| Libros seculares | 1 2 3 4 5 6 7 8 9 10 |
| Libros cristianos | 1 2 3 4 5 6 7 8 9 10 |
| Películas | 1 2 3 4 5 6 7 8 9 10 |

| | |
|---|---|
| Escuela | 1 2 3 4 5 6 7 8 9 10 |
| Trabajo/Compañeros de trabajo | 1 2 3 4 5 6 7 8 9 10 |
| Amigos | 1 2 3 4 5 6 7 8 9 10 |
| Miembros de la familia | 1 2 3 4 5 6 7 8 9 10 |
| Iglesia | 1 2 3 4 5 6 7 8 9 10 |
| Redes sociales | 1 2 3 4 5 6 7 8 9 10 |
| La Biblia | 1 2 3 4 5 6 7 8 9 10 |

Según tus respuestas, ¿qué áreas te están influenciando más?

______________________________________________

______________________________________________

______________________________________________

3. ¿Cuál es tu opinión? Encierra tu respuesta en un círculo.

| | |
|---|---|
| Verdadero o Falso: | Está bien cambiar de género si así lo deseo. |
| Verdadero o Falso: | El género femenino es menos valioso que el género masculino. |
| Verdadero o Falso: | El libro de Génesis está desactualizado y ya no tiene validez. |
| Verdadero o Falso: | Dios creó a Adán y Eva al mismo tiempo. |
| Verdadero o Falso: | Puedo encontrar satisfacción duradera fuera del diseño de Dios para el género. |

Si elegiste Falso en todas las preguntas, has respondido correctamente. Si no, tómate un tiempo para estudiar la Palabra de Dios y asegúrate de que su verdad esté conformando tus creencias.

4. Lee Génesis 2. En tus propias palabras, ¿qué te revela la Biblia sobre el diseño de Dios para el género?

_______________

_______________

_______________

## HAZLO *Hoy*

Tómate un tiempo para inclinarte humildemente delante de tu Creador y haz la siguiente oración:

*Dios, muéstrame tu diseño para mi género. Hazme ver las áreas de mi vida en las que me resisto a tu diseño. Confieso que me cuesta obedecer tu Palabra. Ayúdame a rendirme humildemente a tu plan para mi vida. Que pueda glorificarte con mi feminidad y reflejar humildemente tu imagen. Amén.*

# 6. ESTILO ELEGANTE MODERNO, TE PRESENTAMOS LA FEMINIDAD BÍBLICA

Nosotras (Kristen y Bethany, junto con nuestros hermanos, Timothy y Rebekah) atravesamos el portón de vigilancia y nos dirigimos al estacionamiento para invitados. Después de bajar del auto, nuestro equipo de camarógrafos (Timothy y Rebekah) hurgó en el baúl y sacó el material de filmación. Probaron las cámaras y dijeron: "Cuando estén listas".

Ir al corazón de un campus universitario local para entrevistar a extraños no era necesariamente nuestra idea de una tarde divertida. Entonces, ¿por qué lo hacíamos? Las dos queríamos averiguar qué pensaba la persona promedio sobre el diseño del género. Más específicamente, queríamos saber cuál creían que era el propósito de ser mujer.

Encontramos un lugar lleno de gente, instalamos las cámaras y nos dispusimos a esperar a que pasaran personas para hacerles una entrevista sorpresa.

—¡Oye! Estamos haciendo entrevistas en video para un

próximo proyecto —le explicamos a la primera mujer que encontramos—. Pareces la mujer perfecta para responder algunas preguntas.

—¿Yo? Eh, bueno. ¿Cuál es el tema?

¡Uf! Pudimos grabar nuestra primera entrevista.

Durante todo el día entrevistamos a decenas de personas. Mujeres. Varones. Parejas. Grupos de amigos. De todo tipo. A todas las personas les hicimos primero la misma pregunta: "Además del aspecto físico, ¿crees que hay diferencia entre los hombres y las mujeres?". Sin dudarlo, las personas respondían "Sí" y "Creo que sí". Después les preguntamos: "¿Cuál crees que es el propósito específico de ser mujer, distinto al del hombre?". Ante esta pregunta, la gente miraba confundida y se quedaba sin palabras. Una joven dijo: "Eh, ¿propósito?". Otra dijo: "No estoy segura. No sé".

*Encontramos un lugar lleno de gente, instalamos las cámaras y nos dispusimos a esperar a que pasaran personas para hacerles una entrevista sorpresa.*

Después de filmar lo que pareció una eternidad, Timothy miró el metraje y dijo: "¡Terminamos!".

Más tarde, esa semana cuando las dos revisamos las imágenes, descubrimos que había un tema recurrente. Cada persona que entrevistamos estuvo de acuerdo en que, además de las características físicas, los hombres y las mujeres eran diferentes. Cuando avanzábamos un poco más y les preguntábamos cuál creían que era el propósito específico de ser mujer, no tenían ni idea. La mayoría de los entrevistados se quedó sin palabras. No pudieron expresar ni siquiera una idea.

Indudablemente, los jóvenes de la universidad no fueron los únicos. Decidimos llevar nuestro cuestionario a los círculos cristianos y preguntar específicamente a las mujeres qué pensaban. Después de hablar con varias mujeres cristianas, nos dimos cuenta de que la mayoría solo tienen un conocimiento básico del diseño de Dios para la feminidad. Cuando les preguntamos: "¿Cuál es el propósito específico de ser mujer?", la mayoría respondió con duda y con poca certeza. Hasta hace algunos años, así era exactamente como hubiéramos respondido nosotras. Teníamos la idea básica, pero no estábamos seguras de cómo ponerla en práctica.

## Ganar confianza

¿Recuerdas que en el capítulo 5 te contamos cómo estudiamos las Escrituras para comprender mejor el diseño de Dios? Bueno, así es como aprendimos a responder con certeza las preguntas anteriores. Con un conocimiento adecuado, ya no nos sentíamos dubitativas o inseguras sobre nuestro propósito como mujeres. Comprendimos las verdades de Dios y estábamos ansiosas por llevarlas a la práctica.

Si no te sientes segura a la hora de responder la pregunta: "¿Cuál es el claro propósito de ser mujer?", queremos ayudarte. Esperamos que, para el final de este capítulo, puedas sentirte completamente segura de tu feminidad y puedas conocer el diseño específico que Dios tiene para ti como mujer.

## Los tres pilares de la feminidad bíblica

Yo (Bethany) estaba recorriendo una adorable tienda de regalos en Estes Park, Colorado, con Kristen y su cuñada, Jacqueline. Como buena turista, esperaba encontrar un último regalo. Mientras miraba los estantes, mis ojos se posaron en el título de un libro que me detuvo en seco. ¿El título? *Todo lo que los hombres saben sobre las mujeres*. Primero miré a mi alrededor para ver si alguien estaba observando y luego lo tomé para leer la contracubierta. ¿Qué mujer no quiere saber lo que los hombres piensan sobre ellas? Yo sí.

Respiré hondo, puse las manos a ambos lados del libro y me preparé mentalmente para lo que estaba a punto de leer. Y luego, lo abrí. Para mi absoluta sorpresa, el libro estaba en *blanco*.

Pasé las hojas rápidamente de adelante hacia atrás y de atrás hacia adelante. No había introducción. No había índice. Luego, lo entendí. ¡Era un chiste! A menudo, se dice que las mujeres son tan complejas que los hombres no las pueden descifrar. Me eché a reír y corrí a mostrarle a Kristen. Exageré y le dije: "No vas a creerlo. ¡Mira este libro!". Cuando lo abrió, empezó a reírse.

Menos mal que no tenemos un libro en blanco para descubrir el propósito de nuestra feminidad.

Menos mal que no tenemos un libro en blanco para descubrir el propósito de nuestra feminidad. La Biblia nos ofrece sabiduría y principios que podemos implementar en nuestras vidas.

Queremos enseñarte tres verdades bíblicas sobre la feminidad, que hemos llamado: los tres pilares de la feminidad bíblica.

Nos demos cuenta o no, nuestras vidas están basadas sobre pilares buenos o malos. En el capítulo 3, te presentamos los pilares malos de la feminidad falsa. No nos conviene basar nuestras vidas sobre estos. Por el contrario, en este capítulo, te mostraremos tres pilares buenos: los pilares de la feminidad bíblica.

Antes de ver el primer pilar, tómate un tiempo para hacer una pausa y orar:

*Querido Dios:*

*Muchas gracias por mostrarme el máximo ejemplo de amor y sacrificio. Gracias por exponer claramente los principios básicos de la feminidad en la Biblia. Oro para que, al estudiar los tres pilares de la feminidad bíblica, ablandes mi corazón y quites todo rastro de orgullo. Por favor, ayúdame a aceptar tu verdad. Por favor, ayúdame a desear tu gloria por encima de todas las cosas en mi vida. Te amo y anhelo honrarte con todo lo que soy.*

*En el nombre de Jesús, amén.*

## PILAR #1: AYUDA A LOS DEMÁS

*Ayuda*. Cuando lees esa palabra, ¿qué viene a tu mente? ¿Piensas en una mujer exitosa o en una mujer tratada como un felpudo? Ayuda. ¿Te despierta el deseo de asumir el rol de ayudante? Algunas de nosotras desearíamos que Dios borrara la palabra *ayuda* de la Biblia.

Sin embargo, ¿por qué es así? ¿Por qué nos escandalizamos al escuchar esta palabra? ¿Por qué despreciamos este aspecto del diseño de nuestra feminidad? Nos (Bethany y Kristen) gusta describir este problema como una subvaloración del diseño de Dios del rol de ayuda. No es una descripción muy elaborada, pero es todo lo que se nos ocurrió. Cuando, como mujeres, no tenemos un conocimiento sólido de la definición de Dios para la palabra *ayuda*, terminamos poniendo los ojos en blanco en total suspicacia. Creemos que puedes obtener una nueva valoración (sí, incluso con entusiasmo) por esta palabra si analizas su significado original.

El primer pilar de la feminidad bíblica se titula "Ayuda a los demás". En el último capítulo hablamos de la importancia del género y la belleza de aceptar nuestro diseño único como mujeres. ¿Recuerdas que relatamos cuando Adán vio a Eva por primera vez? Rebobinemos para ver qué sucedió justo antes.

Hasta ese momento, Dios había dicho que todo lo que había creado era "bueno en gran manera", y luego le oímos decir "no es bueno". Por primera vez en la historia, Dios dijo que algo no era bueno. Faltaba algo. Después, señaló el problema: "No es bueno que el hombre esté solo" (Génesis 2:18a).

> Nunca valoraremos o aceptaremos por completo nuestro diseño como ayuda hasta que no entendamos la definición original de la palabra.

Tal vez, Adán se animó y dijo: "Dios, ¡tienes razón! No es bueno que yo esté solo. Necesito a alguien. Por favor, dame a alguien".

Dios tenía una solución en mente: "le haré ayuda idónea para él" (Génesis 2:18b). Eva, una mujer, una ayuda, fue la solución de Dios al problema.

Demasiado a menudo, cuando escuchamos esa parte del relato de la creación, lo pasamos rápidamente por alto con la esperanza de ignorarla. Pensamos: *¡Ay, no! La palabra* ayuda! *¡Sálvese quien pueda!* No cometamos ese error esta vez. Hagamos una buena pausa y analicemos el verdadero significado de la palabra *ayuda*. Nunca valoraremos o aceptaremos por completo nuestro diseño como ayuda hasta que no entendamos la definición original de la palabra. Así que es hora de una rápida sesión de teología.

> Los dos términos hebreos de este versículo (Génesis 2:18) brindan una importante información para comprender mejor la creación de Eva como la primera mujer. La palabra traducida "ayuda" es el término hebreo *ézer*. Esta palabra incluso se usa para referirse a Dios, a veces, cuando se declara que Él es nuestra ayuda (Salmos 115:9-11). Definitivamente, así como no vemos a Dios como un ayudante, como si estuviera subordinado a los seres humanos, tampoco deberíamos entender el papel de "ayuda" en Génesis 2:18 como una posición de subordinación. El concepto de una "compañera ideal" parece transmitir mejor el pensamiento.
>
> La segunda palabra hebrea importante en este versículo, traducida "idónea", es *kenegdo*. Literalmente, significa "lo opuesto a él". En otras palabras, el foco está en una contraparte adecuada. Dios no creó a Eva por encima o por debajo de Adán; era complementaria. Cada uno de los animales a los que Adán puso nombre tenía una pareja adecuada (Génesis 2:20), y a Adán también le dio una compañera idónea. Eva era el complemento justo para él.[1]

1. Got Questions, How Was the Woman a Helper Suitable for the Man (Genesis 2:18)? Consultado en línea el 12 de noviembre de 2015, http://www.gotquestions.org/woman-helpersuitable.html#ixzz3U7Z6ccvI.

A mí (Kristen) me encanta cómo Dios usa exactamente la misma palabra hebrea que significa ayuda para describirse a sí mismo. Dios es perfecto y santo. Nunca usaría una palabra que no fuera digna para describirse a sí mismo. Como mujeres, podemos consolarnos con el hecho de saber que somos el diseño de nuestro Dios perfecto.

Fíjate cómo el diccionario define la palabra *ayuda* de una manera breve y concisa: “Alguien que ayuda a otra persona con un trabajo o tarea”.[2] Mujeres, ese es nuestro título en pocas palabras. Hemos sido diseñadas para encontrar propósito no solo en ayudar a nuestros esposos (o futuros esposos), sino también en ayudar a las personas en general. Tanto las mujeres solteras como las casadas están diseñadas para ayudar a los demás.

Tanto las mujeres solteras como las casadas están diseñadas para ayudar a los demás.

Nancy DeMoss Wolgemuth y Mary Kassian nos harán profundizar un poco más en nuestro estudio. Ellas expresan:

> Algunas personas reaccionan negativamente a la idea de que la mujer fue creada como ayuda para el hombre. Creen que eso la relega a un rol secundario, donde la mujer es la sierva y el hombre es el servido; que su ayuda es unilateral. Por ejemplo, lo “ayuda” cuando tiene que recoger su ropa sucia y cocinarle. Aunque una mujer ayuda a su esposo al realizar las tareas domésticas, esta perspectiva del rol como *ayuda* pasa por alto un importante aspecto.
>
> Contrario a lo que algunos sugieren, “ayuda” no es un término degradante que indique un estatus inferior, o el tipo de ayuda que se ofrece en asuntos triviales. La palabra hebrea *ézer* [como acabamos de ver] es una palabra poderosa. Se usa

2. *Merriam-Webster OnLine*, palabra “helper” [ayuda]. Consultada en línea el 9 de octubre de 2015, http://www.merriamwebster.com/dictionary/helper.

> muy a menudo con referencia al Señor como nuestra ayuda (Salmos 33:20; 72:12). Un "*ézer*" ofrece una ayuda absolutamente necesaria.[3]

Eso es exactamente lo que Dios tenía en mente cuando creó a Eva. La creó para ser "absoluta y totalmente indispensable". La creó para ser lo opuesto a Adán. La creó para ayudar a Adán a glorificar a Dios. En definitiva, el papel de Adán como líder y el de Eva como ayuda tienen el mismo propósito subyacente. Todo tiene que ver con servir y guiar a otros a Cristo. Ningún rol tiene que ver con nosotros. Ambos siempre tienen que ver con Dios. Cuando servir a Dios es nuestro objetivo, el título de "ayuda" no nos molesta. Podemos aceptar con gratitud nuestra posición, como Dios la define, para darle la honra.

¿Dónde está tu corazón en todo esto? ¿Quieres aceptar por completo el título de ayuda? ¿Quieres glorificar a Dios al ayudar a que otros tengan éxito?

Recuerda, Dios usó la palabra *ayuda* para referirse a sí mismo (Salmos 115:9-11). Ayudar es noble y, si se hace con un corazón humilde, puede ser un hermoso reflejo de Cristo.

*Ayudar a los demás es fundamental en el diseño de Dios para la feminidad.*

En pocas palabras, este es el mensaje principal del primer pilar: Ayudar a los demás es fundamental en el diseño de Dios para la feminidad.

## PILAR #2: ELLA PRODUCE VIDA

En el mismo centro de Chicago, hay un museo enorme que exhibe de todo, desde un submarino de grandes dimensiones hasta pollitos que nacen en una incubadora. Una de mis exhibiciones favoritas (Kristen) es la de los bebés y el embarazo. Me quedé

3. Kassian y DeMoss, *Mujer Verdadera 101*, p. 94.

asombrada cuando recorrí la "exhibición de la vida", que muestra a los bebés unas semanas después de la concepción hasta los nueve meses. Fue, literalmente, impresionante ver el desarrollo y la complejidad del diseño de Dios.

Un bebé vivo y real crece dentro del útero de una mujer durante nueve meses, y luego su cuerpo (por lo general) está cronometrado perfectamente para dar a luz cuando el bebé ya está completamente desarrollado y listo para nacer. Es simplemente extraordinario y milagroso. Lo que es aún más sorprendente es que, de aproximadamente siete mil millones de personas en el mundo, solo la mitad son capaces de hacer lo que acabo de describir.

Somos el género que Dios ha elegido para llevar, desarrollar y dar a luz a una nueva vida.

Las mujeres somos el género que Dios ha elegido para llevar, desarrollar y dar a luz a una nueva vida (Génesis 3:20). El segundo pilar de la feminidad bíblica se titula: "Ella produce vida". *Ella* es la palabra clave en esa oración. *Ella* es la única hecha para este trabajo. El embarazo y el parto son exclusivos del género femenino. Un hombre jamás podrá experimentar de forma natural este proceso. Su cuerpo no está diseñado con este propósito. Obviamente, un hombre es un factor clave en el embarazo, pero, después de eso, el bebé crece y nace del cuerpo de la mujer.

Producir vida (tanto física como espiritualmente) es parte central de la feminidad. Nosotras, como mujeres, estamos diseñadas para esta función.

Como resultado de la caída, no todas las mujeres son físicamente capaces de llevar y dar a luz a una criatura. Y aquellas mujeres que pueden tener hijos experimentarán un dolor físico intenso durante el proceso. Sin embargo, incluso con estas dificultades y pruebas, las mujeres aún mantienen la esperanza.

Los aspectos físicos de nuestro diseño son solo un símbolo exterior de una realidad interior. El diseño original de Dios para el cuerpo femenino tenía la intención de mostrar algo mucho más profundo que solo dar a luz. Dios nos dio indicios sobre nuestra constitución física como mujeres.

No importa si eres soltera, casada con hijos, casada sin hijos o si ya pasaste la edad para tenerlos, la verdad acerca de tu diseño que produce vida puede cumplirse en cada etapa de la vida.

A mí (Bethany) me encanta cómo Elisabeth Elliot, mi heroína espiritual de la fe, describe esta verdad. Ella explica:

> Tu cuerpo es el de una mujer. ¿Qué significa eso? ¿Hay un significado invisible en estos indicios visibles como la dulzura, la suavidad, los huesos y la estructura muscular más livianos, los senos, el útero? ¿No tienen ninguna relación con lo que tú eres? ¿No está tu identidad íntimamente ligada a estas formas materiales?[4]

Dios nos creó como mujeres para dar vida. Nos creó con la capacidad de dar hijos tanto físicos como espirituales.

El Salmo 113:9 señala: "Él hace habitar en familia a la estéril, que se goza en ser madre de hijos. Aleluya". Dios da "hijos espirituales" a la mujer sin hijos a través de las vidas que ella influencia:

> Dios nos da diferentes dones y llamados. No todas las mujeres reciben el don del matrimonio o el don de tener hijos. No es un hecho que todas las mujeres se van a casar, o que todas las casadas van a poder tener hijos. Lo que SÍ es un hecho es que *todas* las mujeres son llamadas a ser espiritualmente fructíferas. El Señor quiere que todas las mujeres, incluidas las solteras, las que no tienen hijos y las que han pasado la edad de tener hijos, "habiten en familia" y se gocen "en ser madre de hijos".[5]

Cuando nosotras, como mujeres, elegimos producir vida (espiritual o física), imitamos a nuestro Salvador Jesucristo. Él

4. Elliot, *Let Me Be a Woman*, p. 61. Publicado en español con el título: *Dejadme ser mujer*, por Editorial CLIE, 1988.

5. Kassian y DeMoss, *Mujer Verdadera 101*, p. 212.

eligió dar su vida para que nosotros, como pecadores, pudiéramos tener vida eterna. De la misma manera, cuando ofrecemos nuestro tiempo, servicio y guía, también producimos vida.

No importa en qué momento de la vida te encuentres, puedes poner en práctica este aspecto de tu diseño. Puedes dar vida, lo que conlleva, más que nada, la condición espiritual de tu corazón y tu mentalidad. Significa mirar el diseño físico de tu cuerpo y preguntar a Dios por qué te creó de esa manera. Es tu corazón el que dice: "Estoy dispuesta a producir vida de la manera más útil y apropiada para este momento de mi vida".

*Producir vida es fundamental en el diseño de Dios para la feminidad.*

Cuando lees "ella produce vida", ¿qué viene a tu mente? ¿Piensas en tu diseño como mujer? ¿Piensas en hijos físicos? ¿Piensas en hijos espirituales? Tu vida como mujer es mucho más que solo tu constitución física. Tu cuerpo debería siempre recordarte el objetivo más grande de Dios para tu feminidad. Es decir, dar vida.

En pocas palabras, este es el mensaje principal del segundo pilar: Producir vida es fundamental en el diseño de Dios para la feminidad.

## PILAR #3: CULTIVA RELACIONES

Hace poco, nuestra mamá nos dijo que se iba a encontrar con una amiga en una cafetería. Por lo general, cuando alguna de las dos piensa en un encuentro con una de nuestras amigas en un café, nos imaginamos una buena charla de dos o tres horas. Nuestra madre no. Sus encuentros de café generalmente duran de seis a ocho horas. Sabe comunicarse como una profesional. Hace preguntas excelentes, escucha con atención y habla de lo profundo de su corazón. Es un hermoso ejemplo de una mujer piadosa que sabe cultivar relaciones.

Hasta ahora hemos hablado sobre los dos primeros pilares de la feminidad bíblica. Vimos la importancia de nuestro rol de ayuda. Profundizamos en el significado de dar vida. Es hora de explorar el tercer y último pilar de la feminidad bíblica. El tercer pilar se titula "Cultiva relaciones".

En el primer pilar, hablamos de Génesis 2:18 y nos centramos en la palabra *ayuda*. Miremos ese mismo pasaje y hablemos de una palabra diferente, pero muy importante.

"Y dijo Jehová Dios: No es bueno que el hombre esté solo; le haré ayuda idónea para él" (Génesis 2:18). Dios dijo una ayuda idónea *para* él. Dios volvió a enfatizar esta palabra clave unos versículos más adelante al decir: "Mas *para* Adán no se halló ayuda idónea *para* él" (Génesis 2:20). Parece que Dios quiere dejar algo claro. Creó a Eva *para* alguien.

Las dos encontramos la palabra *para* intrigante porque señala un área específica de nuestro diseño como mujeres. Según Nancy DeMoss Wolgemuth y Mary Kassian:

> El haber sido creadas "para alguien" indica que Dios creó a la mujer como una criatura más relacional. En contraste con el hombre, su identidad no está basada en trabajar como lo está en relacionarse y comunicarse con los demás. *Desarrollar fuertes vínculos interpersonales es parte integral de lo que significa ser mujer.*[6]

*Dios eligió crear a la mujer como un ser sumamente relacional.*

Dios eligió crear a la mujer como un ser sumamente relacional. El hecho de que fuimos creadas para alguien nos ayuda a comprender nuestro deseo interno de relacionarnos de una manera profunda y significativa. Es parte integral de quiénes somos. Hemos sido diseñadas así. No podemos cambiar ese aspecto de nuestra feminidad. Fuimos creadas para encontrar satisfacción en relaciones profundas y significativas que honren a Dios.

6. *Ibíd.*, p. 82.

Solo mira a tu alrededor y, rápidamente, verás los resultados de esta preferencia relacional. ¿Alguna vez has notado cómo las mujeres a menudo van en grupo (o al menos de dos en dos) al baño? ¿Por qué es eso? Porque nos gusta estar juntas, no importa dónde estemos. Es algo propio del género femenino. ¿Te puedes imaginar a los hombres haciendo eso? Nunca.

Según estudios recientes, se estima que las mujeres hablan un promedio de 20.000 palabras por día, mientras que los hombres hablan un promedio de solo 7.000 palabras.[7] Como mujeres, nos gusta hablar y comunicarnos con otros seres humanos.

Muchas mujeres (como nuestra mamá) pueden juntarse para desayunar, almorzar, cenar o tomar un café y conversar durante horas. Las mujeres pueden verse por primera vez y, sin darse cuenta, están sacando pañuelos y llorando juntas. ¿Por qué? Porque a las mujeres, en general, les encanta vincularse relacionalmente.

La conclusión es esta: las mujeres son seres relacionales porque Dios nos diseñó así. Él quiere que primero nos llenemos de Él para luego salir y compartir el amor de Dios con otros. Como mencionamos anteriormente, no importa la edad que tengas, o si estás casada o soltera, toda mujer en cada etapa de la vida tiene la capacidad de cultivar relaciones para la gloria de Dios.

*Cultivar relaciones es fundamental en el diseño de Dios para la feminidad.*

Puedes cultivar relaciones donde Dios permite que estés en este momento. Puedes cultivar una relación con tus padres. Puedes cultivar una relación con tus hermanos. Puedes cultivar una relación con tu esposo. Puedes cultivar una relación con tus hijos. Puedes cultivar una relación con tus vecinos. Quizás nunca sepas la influencia que has tenido en alguien por tu decisión de cultivar una relación con dicha persona.

---

7. Eun Kyung Kim, "Chatty Cathy, Listen Up: New Study Reveals Why Women Talk More than Men," *Today*, 21 de febrero de 2013, http://www.today.com/health/chatty-cathy-listen-new-study-reveals-why-women-talk-more-1C8469360.

¿Dónde está tu corazón con respecto a este tercer y último pilar de la feminidad bíblica?

El poeta estadounidense del siglo XVIII, William Ross Wallace, escribió un famoso poema titulado: "La mano que mece la cuna es la mano que gobierna el mundo". Nunca subestimes el rol esencial de cultivar relaciones.

Imagina la influencia que puedes tener en la vida de un joven al cultivar desinteresadamente una relación con esa persona.

En pocas palabras, este es el mensaje principal del tercer pilar: Cultivar relaciones es fundamental en el diseño de Dios para la feminidad.

## El éxito verdadero tal como Dios lo define

Los tres pilares de la feminidad bíblica son el objetivo de Dios para el éxito verdadero. Ayudar a los demás, producir vida y cultivar relaciones son las cualidades que cada una de nosotras, como mujeres, poseemos. Cuando tomas tu flecha y apuntas al blanco de la feminidad bíblica, reconoces que los caminos de Dios son realmente mejores. Solo cuando basas tu vida en el diseño de Dios para la feminidad encuentras la verdadera satisfacción y el auténtico sentido de cuánto vales.

CAPÍTULO 6

# GUÍA DE ESTUDIO

## GUÁRDALO EN TU CORAZÓN

*Ayudar a los demás, producir vida y cultivar relaciones son las cualidades que cada una de nosotras, como mujeres, poseemos.*

1. ¿Cuál te parece que es el claro propósito de ser mujer?

   ______________________________

   ______________________________

   ______________________________

2. ¿Qué aspectos de la feminidad bíblica te resultan más difíciles de aceptar? ¿Por qué?

   ______________________________

   ______________________________

   ______________________________

3. Escribe una breve descripción sobre cómo hoy puedes poner en práctica cada pilar de la feminidad bíblica en tu vida.

   ______________________________

   ______________________________

   ______________________________

AYUDA A LOS DEMÁS: ______________________________

______________________________

______________________________

PRODUCE VIDA: ______________________________

______________________________

______________________________

CULTIVA RELACIONES: ______________________________

______________________________

______________________________

Ora y pide a Dios que te ayude a poner en acción lo que escribiste.

HAZLO *Hoy*

Cultiva una relación. Envía una nota, un mensaje de texto o un correo electrónico con palabras de aliento a alguien hoy.

# 7. MUY BIEN, AHORA MUÉSTRENNOS CÓMO SE HACE

Estaba fuertemente sujetada, con las rodillas ligeramente dobladas y la punta de los pies apuntando hacia el cielo. "Bueno, ¡estoy lista!", le grité al conductor del bote. El motor se puso en marcha y, en cuestión de segundos, me vi como un señuelo bajo el agua... otra vez. Esta era yo (Bethany) cuando estaba aprendiendo esquí acuático. Rápidamente descubrí que saber y hacer eran dos cosas diferentes. Después de muchos intentos y fracasos, me tomé un descanso. No lo entendí hasta que observé cuidadosamente a mi experto cuñado, Zack. Lo volví a intentar y finalmente lo logré.

*Esperamos mostrarte cómo se hace para que puedas evitar convertirte en un señuelo bajo el agua.*

Hasta aquí, te hemos dado una gran cantidad de información excelente sobre la feminidad bíblica, pero no te hemos mostrado cómo funciona en la vida real. No queremos hacerte saltar al agua sin ninguna preparación, sino darte ejemplos de la vida real donde se pone en acción la feminidad bíblica. Esperamos mostrarte cómo se hace para que puedas evitar convertirte en un señuelo bajo el agua.

Me he dado cuenta de que el diseño de Dios es relevante para cada mujer en cada etapa de la vida.

Primero, te mostraremos nuestra vida tal cual es. Queremos que veas quiénes somos más allá de las páginas de este libro y cómo nos esforzamos por vivir la feminidad bíblica en nuestra etapa de la vida actual.

Luego, echaremos un vistazo a la vida de dos amigas piadosas que también luchan por la feminidad bíblica en estos días modernos. Estas historias no serán exactamente como la tuya, pero te mostrarán que, independientemente de tus circunstancias o trasfondo, puedes vivir el diseño de Dios. Ya sea que estés casada o soltera, con hijos o sin hijos, cada uno de los siguientes ejemplos de la vida real está lleno de moralejas prácticas y alentadoras.

Para comenzar, una escena de compromiso. Entremos.

## Kristen

**Etapa de la vida: casada, sin hijos**

En un frío atardecer en Texas, un hombre guapo se arrodilló y me (Kristen) propuso matrimonio. Sin dudarlo, dije que sí y entregué mi corazón y mi vida a un hombre piadoso llamado Zack Clark. Ocho largos meses después, a los veinticuatro años de edad, estaba caminando por el pasillo hacia el altar para hacer un pacto de por vida con mi mejor amigo.

Después de una luna de miel estimulante y romántica, volvimos a nuestra casa de San Antonio para desenvolver nuestros regalos y convertir nuestro departamento en un hogar. Ambos entendíamos y valorábamos el segundo pilar de la feminidad bíblica (ella produce vida) y estábamos dispuestos a tener hijos de inmediato. Como cualquier mujer normal, supuse que, si no "prevenía" el embarazo, sucedería de manera automática. ¿Verdad? Pues no. Cómo iba a saber que los siguientes cuatro años consistirían en dos abortos involuntarios y un hogar claramente desprovisto de la risa de un hijo.

Hasta el día de hoy, cuando estoy sentada aquí escribiendo estas líneas, todavía no he podido tener hijos. Dios ha trabajado mucho en mi corazón para mostrarme que ser fructífera, producir vida y cultivar relaciones se presenta en más de una forma.

Durante mis años de soltera, siempre me había imaginado que iba a ser madre en los primeros dos años de matrimonio. Obviamente, las cosas no salieron como había planeado, así que tuve que renovar mis expectativas. Esta etapa inesperada ha ampliado mi visión de la feminidad bíblica y me ha ayudado a ponerla en práctica de maneras nuevas y sorprendentes. Me he dado cuenta de que el diseño de Dios es relevante para cada mujer en cada etapa de la vida.

Aunque todavía no soy madre, sigo siendo esposa. Con Zack somos compañeros de equipo de por vida, y mi objetivo es apoyarlo y ayudarlo constantemente para mejorar nuestra familia. Aprendí que el papel de esposa no es equivalente al de una empleada doméstica. Mi responsabilidad como ama de casa que ayuda y cuida de su esposo es crucial para nuestra familia. Aceptar activamente los tres pilares de la feminidad bíblica ha convertido mi casa en un hogar.

Ser esposa es mucho más que planificar cenas agradables, mantener la casa en orden, hacer los mandados y lavar la ropa. Sí, esas cosas son importantes, pero es mucho más que eso. Se trata de arrodillarte todas las mañanas y convertirte en una guerrera de oración a favor del líder de tu familia. Se trata de luchar contra las mentiras de la feminidad falsa al crear un ambiente cálido y hogareño donde las relaciones puedan prosperar. Se trata de amar desinteresadamente al hombre a quien le entregaste tu vida y buscar la manera de satisfacer sus necesidades. Se trata de mostrar el evangelio de Jesucristo a través de los roles femenino y masculino. A diferencia de la opinión del mundo, ser esposa es mucho más que ser una compañera de cuarto. Al aceptar el rol que Dios me dio como ayuda de Zack, mis tareas cotidianas han tomado un significado eterno. Ser esposa es verdaderamente un rol esencial.

*Ser esposa es verdaderamente un rol esencial.*

Ahorrar dinero es algo importante para la mayoría de las parejas jóvenes, así que aprendí a ser una ayuda en el área de nuestras finanzas. Mi filosofía de hacer las cosas uno mismo, como aprender a cortarle el pelo a Zack, aclarar mi propio cabello y coser desde cortinas hasta faldas nos ha hecho ahorrar mucho dinero. También te contaré un pequeño secreto. Me encanta que me hagan las uñas, en especial con el esmalte de uñas en gel, pero puede ser costoso. Así que Zack me sorprendió, hace algunos cumpleaños, con un set completo de materiales para hacer las uñas con gel (lámpara de calor y todo). Y escucha esto: ¡vio tutoriales en Internet y aprendió cómo hacerme las uñas él mismo! No estoy bromeando. Su gran altura y barba varonil nunca revelarían este secreto.

Además de ahorrar dinero, actualmente trabajo media jornada en el negocio de la familia Clark. Es una excelente manera de participar en el mundo de Zack, ayudarlo en el negocio y ganar un dinero adicional. También tengo la oportunidad de trabajar media jornada para el negocio familiar de mi papá, que es una forma divertida de estar relacionada con mi propia familia.

En los últimos años, Dios me ha permitido ver la cantidad de oportunidades que he tenido durante este período sin hijos. Producir vida espiritual es algo que he buscado con todo mi corazón. Guiar a mujeres jóvenes es mi pasión y algo para lo que tengo tiempo. Mi horario es flexible en estos momentos, lo que me permite centrar más la atención en GirlDefined Ministries y escribir publicaciones en el blog, interactuar con mujeres jóvenes, crear material nuevo, dar charlas, etc. Poder dedicar incontables horas a *este* libro también es una puerta que Dios me ha abierto.

Cultivar relaciones a través de la hospitalidad es algo que con Zack hacemos con frecuencia. Dios nos ha bendecido con un hermoso hogar, así que tenemos visitas cada vez que podemos. A menudo, organizamos cenas, fiestas, estudios bíblicos y los invitados se quedan a dormir. Mi sala de desayuno también se ha convertido en la oficina temporal de GirlDefined Ministries. Bethany y yo hemos pasado muchas horas sentadas en la mesa de desayuno conversando sobre objetivos ministeriales, escribiendo blogs y trabajando en este libro.

> Cuando acepto la Palabra de Dios y valoro las cosas que Él valora, encuentro el verdadero propósito.

Mi vida y mis acciones no siempre son perfectas, pero cuando acepto activamente la feminidad bíblica, mi alma encuentra absoluto descanso. Cuando acepto la Palabra de Dios y valoro las cosas que Él valora, encuentro el verdadero propósito. Cuando vivo mi feminidad para la gloria de Dios y no para la mía, incluso las tareas rutinarias como lavar la ropa y limpiar la casa adquieren un nuevo significado.

La Palabra de Dios nunca me ha fallado, y su diseño es el único que me ha dado un sentido de valía duradero. La satisfacción, la alegría y el gozo que provienen de vivir en el camino de Dios valen la pena, sin lugar a dudas.

## Bethany

**Etapa de la vida cuando escribió este libro: soltera y vivía con sus padres**

"Te lo digo yo, él sería un gran esposo", dijo mi amiga con entusiasmo.

Yo (Bethany) me reí cuando me contó más sobre este muchacho "increíble". Me estaban arreglando una cita una vez más. Conversaciones sobre el novio ideal ocurrían habitualmente entre mis amigas cercanas, mi mamá, mis cuatro hermanas y yo. Cuando era más joven, no pensaba que seguiría soltera a esa edad. Al igual que Kristen, Dios tenía un plan diferente del que yo había imaginado para mi temprana edad adulta.

Soy muy femenina y me encanta todo lo brillante y llamativo. Es normal verme con una falda de tul abultada. Casarme con mi príncipe azul a los veintiún años era mi sueño en la escuela secundaria. De hecho, pensé que mi sueño se había hecho realidad cuando, a los diecinueve años, conocí a un muchacho divertido, piadoso y aventurero. Nos llevábamos muy bien y sinceramente pensé que era "el indicado". Bueno, para resumir, no lo era. Dios cerró esa puerta a través de una serie de situaciones que me hicieron abrir los ojos.

Me llevó un tiempo recuperarme de ese desamor, pero Dios me dio la gracia para seguir adelante. Entregué mi sueño de casarme joven y le pedí a Dios que me ayudara a aceptar su voluntad para mi vida.

Seguir una carrera de muchos años para entrar en la vida profesional nunca fue mi sueño, así que no seguí la ruta tradicional de la universidad. Mi pasión era participar en algún tipo de ministerio. Barajé la idea de ir a la universidad Moody Bible College en Chicago, pero Dios también cerró esa puerta. Me dejó muy claro que lo que tenía que hacer era quedarme en San Antonio. Quería vivir la feminidad bíblica durante mis años de soltería, pero no sabía bien cómo hacerlo.

Después de mucha oración, investigación bíblica y sabios consejos, Dios me mostró lo que tenía que hacer exactamente. Mis mayores oportunidades ministeriales estaban delante de mis narices y ni siquiera podía olerlas. En lugar de alejarme de mi casa y mi familia para perseguir algo glamoroso, Dios me permitió servir y ministrar a las personas a mi alrededor. A veces, seguir a Dios es tan sencillo como quedarse quieta. También tomé la decisión radical de seguir viviendo en casa. Decidí que, si iba a tener compañeros de cuarto, prefería que fuera mi familia.

*A veces, seguir a Dios es tan sencillo como quedarse quieta.*

Como resultado de esa nueva revelación, comencé a dedicar mi vida a guiar a mis dos hermanas menores, Rebekah y Suzanna. Sabía que Dios quería que invirtiera mi tiempo en producir vida espiritual, y no fue un accidente que Dios me eligiera para ser la hermana mayor. Puse en práctica la feminidad bíblica al cultivar mi relación con mis hermanas, así como también al guiar a otras jóvenes de mi comunidad. También organizaba regularmente estudios bíblicos para mujeres jóvenes y ayudé a coordinar dos conferencias diferentes.

Durante esa etapa de mi vida (mis veinte años), comencé a darme cuenta del valor de mis años de soltera. No tenía esposo, hijos o una casa para cuidar, así que mi horario era excepcionalmente flexible. Mi mentalidad dio un giro de 180 grados, y comencé a ver mi soltería como una bendición extendida en vez de una maldición. Con esta nueva mentalidad intacta, no quería desperdiciar el tiempo. Quedarme sentada en casa haciendo cosas inútiles hasta que el príncipe azul golpeara a mi puerta no era como interpretaba la feminidad bíblica. El mensaje que recibí fue que debía ser totalmente productiva, tener una actitud determinada y estar centrada en Cristo. Y así era exactamente como quería vivir.

*Quedarme sentada en casa haciendo cosas inútiles hasta que el príncipe azul golpeara a mi puerta no era como interpretaba la feminidad bíblica.*

Además de guiar y organizar estudios bíblicos, me convertí en directora del programa Awana en mi iglesia para niñas en edad escolar. También fui voluntaria en el centro local de cuidados prenatales de mi ciudad y serví como "hermana mayor" de algunas niñas en una escuela pública cercana. No digo todo esto para presumir, sino simplemente para mostrarte que ser soltera tiene sus ventajas. Las mujeres solteras pueden servir activamente a Dios al poner en práctica su diseño. Al igual que las mujeres casadas, las jóvenes solteras deben basar activamente sus vidas en los tres pilares de la feminidad bíblica.

Como joven soltera, obviamente no tenía un esposo a quien ayudar, así que decidí ayudar a mi papá en su empresa. Tenía una vacante y yo podía ocupar ese lugar. Fue una bendición enorme para la empresa y, como resultado, obtuve una gran experiencia laboral. Mi trabajo no siempre me apasionaba ni era emocionante, pero había aprendido una lección valiosa: no todo en la vida era una fiesta; debemos hacer algunas cosas simplemente porque es lo correcto. Otro beneficio fue que mi papá y yo pudimos tener una relación mucho más cercana como resultado de pasar juntos bastante tiempo. Sé que nunca me voy a arrepentir de ese período que invertí en su empresa.

Más recientemente, reduje mi trabajo en la oficina para ocuparme más intensamente en GirlDefined Ministries y escribir este libro. Al igual que Kristen, pasé mucho tiempo escribiendo artículos, intercambiando ideas sobre nuevos contenidos, dando charlas e interactuando con mujeres. Digamos que pasé mucho tiempo en la sala de desayuno de Kristen. Me encanta y estoy agradecida por la oportunidad de difundir el mensaje de la feminidad tal como Dios la define.

> *Dios tenía el control de los planes en mi vida y sus caminos no eran mis caminos.*

Mientras escribía estas palabras, estaba todavía soltera y llegando a los treinta sin candidatos a la vista. ¿Y sabes qué? Tenía paz. ¿Me quería casar? ¡Por supuesto! ¿Era difícil para mí en ciertos momentos? ¡Claro que sí! Sin embargo, estaba aprendiendo que Dios tenía el control de los planes de mi vida y que sus caminos no eran mis caminos. Sus caminos son mejores. Mucho mejores. Él ve la imagen completa y sabe exactamente dónde tengo que estar. Oraba por mi futuro esposo diariamente y hace poco lo encontré y Dios unió nuestras vidas en el momento adecuado.

Continuaré sirviendo a Dios diligentemente donde Él quiera que esté.

## Ashley

**Etapa de la vida: Graduada de la universidad, vive sola**

Para nuestra amiga de toda la vida, Ashley, ser parte del movimiento en favor de la vida siempre ha sido una pasión, así que la facultad de derecho parecía ser el siguiente paso lógico después de la escuela secundaria. Después que la aceptaran en una prestigiosa facultad de derecho, su soñada oportunidad se estaba desplegando frente a sus ojos.

Cuando el primer semestre estaba llegando a su fin, de repente se topó con la realidad de su futuro. Convertirse en abogada (y pagar los gastos que acarrearía obtener el título) tomaría varios años de estudio y trabajo intenso y agotador. Su futuro estaría lleno de viajes, largas horas en la oficina y papeleo que no le permitirían disponer de tiempo para otra cosa. Aunque ser abogada parecía glamoroso, sabía que, al fin y al cabo, no era la elección de carrera adecuada para ella. Para practicar bien el derecho y contribuir significativamente a la parte legal del debate en favor de la vida, sabía que tendría que sacrificar muchos otros deseos.

Quería ser esposa y madre algún día (más temprano que tarde) y sabía que una carrera intensa en Derecho no le permitiría disponer de suficiente tiempo para esos roles. Como abogada, no tendría tiempo para dedicar a su futuro esposo o hijos. Sería una madre sin descanso, siempre ocupada, casi nunca disponible. Aunque estaría luchando por una gran causa, sentía firmemente que estar allí para su familia (lo cual quería *más* que una carrera exigente) era lo más importante. Entendió los tres pilares de la feminidad bíblica y sabía que iba a ser muy estresante ser esposa, madre y abogada exitosa al mismo tiempo.

No quería poner su vida en un camino del que luego se arrepintiera.

Después de orar, buscar asesoramiento y estudiar la Palabra de Dios en busca de sabiduría, Ashley decidió dejar la facultad de derecho. Analizó su futuro con cuidadoso discernimiento y escogió otra carrera que le permitiría disponer de suficiente tiempo y espacio para el matrimonio y la familia.

Hoy, varios años después, Ashley está agradecida de haber tomado esa decisión. Todavía tiene muchas oportunidades de participar políticamente en causas en favor de la vida. Solo que son diferentes y no le impiden *disfrutar* del tipo de vida familiar que imagina. Como soltera que vive sola, Ashley es un gran ejemplo de una mujer que pone en práctica la feminidad bíblica en su etapa actual de vida. Trabaja a tiempo completo para una organización cristiana y los ayuda a avanzar en su visión. Ha desarrollado un corazón de sierva y hace lo necesario para ayudar a aquellos con quienes trabaja.

No deja que su pequeño departamento se interponga a la hora de cultivar relaciones. Con un corazón sincero que honra a Dios, organiza muchas reuniones, fiestas y cenas en su casa. Con frecuencia se acerca a otros y los invita a su hogar.

Ashley entiende el valor de producir vida espiritual en su etapa actual, por lo que participa activamente en un grupo de estudio bíblico y a menudo se esfuerza intencionadamente para juntarse con otras mujeres a fin de alentarlas y edificarlas. Acepta de todo corazón el diseño de Dios para su vida y está dispuesta a empeñarse en que sea siempre su prioridad.

## Emily

**Etapa de la vida: casada, con hijos**

"¡Muy bien! —exclamó la enfermera—. Parece que vas a tener otro varón". El corazón de Emily saltó de emoción.

"Otro varón —dijo suavemente con una gran sonrisa—. ¡Es genial! ¡Qué maravilloso!".

Emily acababa de entrar en el segundo semestre de su tercer bebé. Ya tenía un precioso varoncito y una niña en casa. Estaba casada con su amor de la infancia, Jared, y su vida era mucho mejor de lo que podría haber imaginado.

Antes de convertirse en cristiana, durante su último año de escuela secundaria, la idea del matrimonio y la maternidad le parecía extremadamente restrictiva. Sin embargo, cuando comenzó a estudiar la Biblia y leer todos los libros cristianos que podía conseguir, el corazón y la mente de Emily comenzaron a ablandarse ante la idea. Aprendió sobre la feminidad bíblica y entendió lo valiosos que eran los tres pilares en su vida. Con entusiasmo, aceptó la nueva vida y vio a los hijos como algo más que un accesorio.

Con entusiasmo, aceptó la nueva vida y vio a los hijos como algo más que un accesorio.

La responsabilidad de capacitar, enseñar y criar a sus hijos era extremadamente importante para Emily y Jared. Sin embargo, la vida no resultaba fácil. Ninguno de los dos quería colocar a sus bebés en una guardería o conseguir una niñera, así que Emily se puso a pensar una noche en qué manera podía satisfacer sus necesidades y deseos.

Después de estudiar sobre la mujer de Proverbios 31 y ver lo trabajadora y ambiciosa que era, a Emily se le ocurrió una idea. Con el apoyo de Jared, Emily decidió abrir su propia peluquería dentro de las cuatro paredes de su garaje. Como ex estilista y graduada de la escuela de cosmetología, Emily sabía lo que hacía.

A los pocos meses, Emily aportaba suficiente dinero para ayudar a mantener rentable su presupuesto. ¡Y lo hacía desde su propia casa! Programaba sus citas durante las siestas de los niños y trataba de mantener un horario ordenado. Las cosas no siempre funcionaban según lo planeado, pero modificaba sus días según fuera necesario. Sin embargo, independientemente de lo que sucedía, las necesidades de su familia siempre estaban en primer lugar.

Al ser flexible y creativa, Emily pudo ayudar a su esposo, criar a sus hijos y usar su formación profesional para bendecir a su familia y a los demás.

Emily está ocupada. No tiene mucho tiempo para el ministerio externo en esta etapa de su vida, pero como puedes ver, está lejos de ser improductiva. Sabe que el tiempo de criar hijos pequeños es corto en el esquema general de la vida, así que no quiere desperdiciarlo. No quiere recordar estos días y desear haber dedicado más tiempo a su familia.

Emily sabe lo valioso que es su rol. Ora diariamente por sus hijos, les enseña lecciones bíblicas, los ayuda a memorizar la Palabra de Dios y a desarrollar un carácter piadoso. Claro, una guardería o niñera podría haber cumplido el rol del que cuida, pero nadie podría ocupar el rol del que cría, al menos no como ella. Ella es la madre que Dios les dio, y solo ella recibió estas responsabilidades.

*No quiere recordar estos días y desear haber dedicado más tiempo a su familia.*

Aunque la etapa de vida de Emily es diferente a la de nosotras (Kristen y Bethany), ella persigue los mismos pilares fundamentales en su vida. Invierte tiempo y energía para ayudar a otros, producir vida y cultivar relaciones. Lo que nos gusta en especial de Emily es cómo combinó estratégicamente su habilidad laboral con su vida hogareña. Su motivación estaba enraizada en el corazón de sierva y sus intenciones eran bendecir a su esposo y familia.

## ¿Cuál es tu historia?

Esperamos que estos ejemplos de la vida real hayan alentado tu visión de la feminidad bíblica. Esperamos que puedas ver que el diseño de Dios para la mujer no es un estereotipo, sino un diseño que todas las mujeres en cada etapa de la vida pueden adoptar. El diseño de Dios trasciende el tiempo y la cultura, y siempre es pertinente. Ya sea que estés soltera, casada, que vivas sola o en la casa de tus padres, puedes y deberías basar tu vida sobre los tres pilares de la feminidad bíblica.

¿Recuerdas cuando fuimos a la universidad y preguntamos cuál era el propósito de ser mujer? Bueno, ¡ahora sabes la respuesta! Dios nos diseñó, como mujeres, para basar nuestras vidas sobre los tres pilares de la feminidad bíblica. Ayudar a los demás, producir vida y cultivar relaciones son pilares fundamentales de nuestro diseño. Las mujeres *son* diferentes a los hombres. Al entender y vivir nuestro diseño femenino, glorificamos en gran manera a Dios. Mostramos al mundo aspectos del carácter de Dios que de otro modo no se darían a conocer.

*El diseño de Dios trasciende el tiempo y la cultura, y siempre es pertinente.*

Tenemos una pregunta para ti. Si tu historia apareciera en este libro, ¿cómo sería? Oramos para que consideres cuidadosamente lo que has leído en los últimos capítulos. Dios te creó para ser una mujer, a propósito y con un propósito. Que tu feminidad ya no se trate de ti, sino que se trate de vivir para la gloria y el honor de Aquel que te diseñó.

CAPÍTULO 7

# GUÍA DE ESTUDIO

## GUÁRDALO EN TU CORAZÓN

*El diseño de Dios para la mujer no es un estereotipo, sino un diseño que todas las mujeres en cada etapa de la vida pueden adoptar.*

1. ¿Con cuál de las cuatro mujeres te identificas más? ¿Por qué?

   ______________________________

   ______________________________

   ______________________________

2. Escribe tres cosas que te inspiren de las historias de estas mujeres.

   1. ______________________________
   2. ______________________________
   3. ______________________________

3. El diseño de Dios para la feminidad trasciende el tiempo y la cultura, y es ______ pertinente.

   A. Nunca

   B. A veces

C. Siempre

D. Casi nunca

La respuesta correcta es la C. El diseño de Dios es siempre pertinente para cada mujer en cada etapa de la vida.

4. ¡Examen sorpresa! Encierra en un círculo los tres pilares de la feminidad bíblica y marca con una X los tres pilares de la feminidad falsa.

| | |
|---|---|
| Libertad sexual | Independencia |
| Produce vida | Cultiva relaciones |
| Liberación | Ayuda a los demás |

Para verificar tus respuestas, mira el final de la página.*

5. Las cuatro mujeres en las historias de este capítulo no permitieron que su edad o etapa de la vida obstaculizara su productividad para Dios. ¿Qué te impide poner en práctica los tres pilares de la feminidad bíblica? ¿Cómo puedes superar estos obstáculos?

## HAZLO *Hoy*

Practica la hospitalidad: ¡Diviértete! Hornea una docena de galletas (o tu pastel favorito) y regálaselas a alguien que necesite ánimo. O haz una tarjeta a mano y entrégasela a una vecina o amiga.

*Los tres pilares de la feminidad bíblica: Produce vida, Cultiva relaciones y Ayuda a los demás. Los tres pilares de la feminidad falsa: Libertad sexual, Liberación e Independencia.

PARTE 3

# CUANDO SE TRATA DE BELLEZA, AMOR VERDADERO Y TRABAJO DURO

# 8. BELLEZA QUE NO NECESITA DE UNA PASARELA

Kylie Bisutti nunca imaginó que solo unos meses después de cumplir diecinueve años se convertiría en la persona más buscada en Google del mundo.

Kylie nació en California, pero creció en un pequeño pueblo llamado Jackpot, Nevada. En su vida, nada era atípico o especial, excepto por una cosa: Kylie nació con el cuerpo de una supermodelo. Entró al mundo del modelaje cuando tenía catorce años. Durante los años siguientes, buscó muchas oportunidades, pero nunca llegó a tener gran éxito. A medida que crecía, se desanimaba cada vez más con la industria del modelaje y se preguntaba si quería ser parte de esta. Mientras reflexionaba sobre la dirección que tomaría su futuro, conoció a un muchacho interesante llamado Mike. No pasó mucho tiempo hasta que los dos se enamoraron y se casaron.

Varios meses después de la boda, Kylie y Mike estaban de visita en la casa de sus padres cuando la reciente suegra de Kylie le entregó una pequeña tarjeta que cambiaría su vida para siempre. En negrita vio dos pequeñas palabras que despertaron su modelo interior: *Angel Search*.

Solo unos días después, Kylie estaba esperando en la fila

junto con miles de otras jóvenes para intentar ganar un lugar en la búsqueda de modelos de Victoria's Secret 2009. Para su sorpresa, superó las expectativas y pasó la primera ronda. Antes de tener tiempo para procesar lo que estaba sucediendo, se vio en un avión que se dirigía a la ciudad de Nueva York. De diez mil jóvenes, Kylie fue elegida como una de solo diez que competirían en la ronda final.

*Kylie ganó el certamen y cumplió su sueño de toda la vida de caminar por la pasarela en el desfile de moda de Victoria's Secret.*

Luego de varias semanas de certamen, los votos estaban listos. Con grandes expectativas, Kylie cerró sus ojos para no ver en pantalla quién sería la ganadora. Tras una larga pausa, la pantalla cambió rápidamente. Allí delante de sus ojos estaba su imagen. Kylie ganó el certamen y cumplió su sueño de toda la vida de caminar por la pasarela en el desfile de moda de Victoria's Secret. Había llegado a la cima. Kylie pasó de ser una desconocida a una supermodelo increíblemente famosa de la noche a la mañana. El estrellato y la fama eran su nueva realidad.

## El éxito en el mundo del modelaje

Para Kylie, ser una famosa supermodelo parecía glamoroso y romántico hasta que se convirtió en su realidad. Ganar el certamen de Victoria's Secret y desfilar por la pasarela hizo que tuviera una imagen pública que sostener. Ya no era solo Kylie. Era Kylie, la supermodelo. Tenía que lucir como la Kylie que todos veían por televisión. Ya no podía ir de compras sin maquillaje. Ya no podía salir de la casa en pantalones de gimnasia. Para que Kylie luciera como "ella misma", tenía que usar extensiones de cabello, pestañas postizas, ropa de diseño exclusivo y mucho maquillaje a donde quiera que fuera.

¿Te imaginas vivir con ese tipo de presión? Piénsalo. Las supermodelos compiten no solo contra miles de otras modelos, sino también contra su propia imagen retocada. Todo su éxito se basa en una sola cosa: su *apariencia exterior*.

Después de un año de vivir como supermodelo, Kylie había experimentado lo suficiente. Para conmoción del mundo del modelaje, decidió terminar su contrato. Por la gracia de Dios, pudo comprender el verdadero valor de su cuerpo y cuánto valía como mujer. Ya no sentía la necesidad de ganar la aceptación y aprobación de los demás. No le interesaba mostrar su cuerpo al público. Estaba cansada de que la vieran como un objeto y no como una mujer real.

Kylie dejó atrás la fama y estatus para perseguir algo mucho más gratificante: "Dejé de ser una modelo Victoria's Secret para ser una esposa según Proverbios 31",[1] dijo. Kylie ya no deseaba ser una supermodelo. En cambio, quería ser un modelo piadoso. Se dio cuenta de que la verdadera belleza no necesita de una pasarela. Poco después de dejar la industria, publicó un libro titulado *I'm No Angel: From Victoria's Secret Model to Role Model.*

En su libro, Kylie habla sobre los intensos preparativos que las modelos atraviesan para estar "listas para la cámara". Junto con otras modelos de pasarela, pasaba ocho horas en distintos puestos de cosméticos donde la acondicionaban. A las modelos las bronceaban con aerosol, les corregían las imperfecciones de la piel, les hacían la manicura y pedicura, les ponían extensiones de cabello y pestañas, capas de maquillaje y muchas cosas más. Eran muchas horas para una transformación cosmética de todo el cuerpo.

Kylie era considerada una de las mujeres más hermosas del planeta, entonces, ¿por qué dejaría todo eso atrás?

Además, Kylie describe abiertamente las luchas constantes que se experimentan en el mundo del modelaje. Mientras yo (Bethany)

1. "I Gave Up Modeling for God", *New York Post*, 24 de abril de 2013, http://nypost.com/2013/04/24/i-gave-up-modeling-for-god/.

leía su libro, me di cuenta (aún más) de lo desagradable que es realmente ese mundo. Kylie cuenta cómo muchas de las modelos que conocía tenían hábitos alimentarios peligrosos o sufrían de anorexia o bulimia. La inseguridad, la depresión y la tristeza parecían abrumarlas.

La drástica decisión de terminar su carrera como supermodelo causó mucha confusión en la esfera pública. Kylie era considerada una de las mujeres más hermosas del planeta, entonces, ¿por qué dejaría todo eso atrás? ¿Por qué renunciaría a la fama, la atención, el dinero y el estrellato?

Después de leer el libro de Kylie y de escuchar varias de sus charlas, creo que entiendo por qué lo dejó.

## Las muchachas lindas no tienen lo que se necesita

Muchas personas suponen que ser increíblemente hermosa debe darte confianza y seguridad. La experiencia de Kylie demostró lo contrario. Una vez, en una entrevista de video, Kylie dijo que las supermodelos con las que trabajó eran algunas de las mujeres más inseguras que había conocido (anteriormente, leímos una cita de Miranda Kerr, otra supermodelo, que dijo lo mismo).[2] Ambas se referían a algunas de las mujeres más perfectas del planeta. ¿Cómo pueden ser inseguras? ¿Cómo se pueden sentir incompetentes? Tienen el cuerpo con el que sueña toda joven promedio. Si esas bellezas son infelices e inseguras, ¿no deberíamos nosotras, las jóvenes con un cuerpo promedio, estar totalmente deprimidas?

No necesariamente.

Ser "*sexy*" o "promedio" no es el factor determinante para la seguridad y la valía de una mujer. La verdad es que cada vez que una mujer basa cuánto vale en lo que otras personas piensan de ella, nunca estará a la altura. Ninguna mujer es perfecta. Ninguna

---

2. "Am I Beautiful", vídeo de YouTube, 46:40, tomado del evento Am I Beautiful en el hangar de la First Baptist Church Spartanburg el 16 de mayo de 2013, publicado por "fb spartanburg", 22 de mayo de 2013, https://www.youtube.com/watch?v=2-lGIpiBpwQ.

mujer puede vivir adecuadamente a la altura de las ideas y opiniones de cada persona que conoce. Ninguna mujer puede despertarse todos los días como si estuviera lista para la pasarela. Es poco realista e imposible.

Kylie abandonó la vida "soñada" para ir tras algo mucho más gratificante: usar su vida para guiar a otros a Cristo.

Kylie abandonó la vida "soñada" para ir tras algo mucho más gratificante.

Cuando hizo ese cambio radical de vivir para la aprobación de otros a vivir para Cristo, su sentido de valía, seguridad y satisfacción aumentó. Tenía mucha más confianza en cómo Dios la había creado. Ya no sentía la necesidad de complacer a quienes la rodeaban. Ya no se esforzaba por ganar la admiración de extraños. Ya no tenía que verse perfecta cada vez que salía a la calle. Finalmente, podía aceptar y disfrutar por completo de ser la Kylie que Dios diseñó, con imperfecciones y todo.

## La belleza se convirtió en la bestia

Los seres humanos suelen dar gran importancia a la belleza física, aunque la definición de lo que es bello varía de una cultura a otra. En Estados Unidos, el énfasis en la apariencia se ha convertido en una bestia intimidante. La belleza ya no es un regalo de Dios, sino una pesadilla viviente. Las expectativas absurdas que nuestra cultura impone a las mujeres son deprimentes y crean una realidad imposible.

Lamentablemente, las mujeres mordieron el anzuelo. Hemos permitido que la búsqueda de la belleza se convierta en algo vivo y aterrador, que nos atormenta día y noche. *No eres tan buena. Nunca estarás a la altura. Mira esa modelo en la revista. Es el prototipo de la belleza. Ningún muchacho te amará. Tienes la nariz demasiado torcida. Mira esos pequeños labios. ¡Qué lunar tan feo!* Y las burlas no cesan. Escuchamos, creemos, nos esforzamos por estar a la altura y complacer a los que nos rodean. Fallamos.

Nos volvemos inseguras y sentimos que no valemos nada. La bestia gruñe sin parar.

En vez de rechazar a la bestia, la hemos puesto en el altar de nuestro corazón y la hemos adorado. La hemos convertido en un ídolo. Quizás no nos inclinamos ante un becerro de oro, pero sí nos inclinamos ante algo. Elyse Fitzpatrick lo describe perfectamente en su libro *Ídolos del corazón*: “Los ídolos no son solo estatuas de piedra. ¡No! Los ídolos son pensamientos, deseos, anhelos y expectativas a los que rendimos culto en lugar de hacerlo al Dios verdadero. Los ídolos hacen que ignoremos al Dios verdadero cuando buscamos lo que creemos necesitar”[3].

*La belleza ya no es un regalo de Dios, sino una pesadilla viviente.*

Eso es exactamente lo que muchas de nosotras hemos hecho con la belleza, ¿no? Ignoramos a Dios y vamos tras la belleza exterior con la esperanza de encontrar la aceptación de los demás. Nos miramos en el espejo y pensamos: *Si solo fuera más delgada, sería feliz. Si solo tuviera senos más grandes, sería feliz. Si solo fuera más alta, sería feliz. Si solo ese muchacho pensara que soy hermosa, sería feliz.*

Yo (Kristen) recuerdo un momento en mi vida cuando la belleza física era claramente un ídolo en mi corazón. Estaba convencida de que si solo tuviera (¿sabes a qué me refiero: “*Si solo tuviera…*”?) el cabello más largo, con más volumen, sería verdaderamente feliz. Estaba segura de que, si tenía bucles más largos, sería la mujer más confiada, popular y segura. Solo necesitaba el cabello. En lugar de presentarle mis inseguridades a Dios, tomé las riendas del asunto. Esta es mi historia.

Después de varias horas de investigación, finalmente descubrí la solución. ¡Extensiones de cabello! Sin embargo, no eran simples extensiones de cabello, sino extensiones de cabello

---

3. Elyse Fitzpatrick, *Idols of the Heart* (Phillipsburg, NJ: P&R, 2001), p. 23. Publicado en español con el título: *Ídolos del corazón*, por Poiema Publicaciones, 2014.

semipermanentes. A través de una amiga, me puse en contacto con una mujer que trabajaba muy bien en esto. Para resumir, compré mechas reales de cabello largo y rubio, y esta mujer las trenzó en filas escondidas debajo de mi cabello. Cuando trenzó el último mechón, me miré al espejo.

Estaba impresionada. Mi cabello había crecido instantáneamente cinco pulgadas y se había duplicado en volumen. ¡Finalmente, tenía el cabello de mis sueños! Durante las siguientes semanas, caminé con la cabeza un poco más en alto y con un poco más de orgullo. Mi nuevo cabello me encantaba. Me gustaban las miradas y la atención que recibía de los muchachos cuando estaba en público. Era vanidosa, y no me importaba.

Todo parecía estar yendo muy bien hasta una tarde inesperada. Acababa de ducharme y estaba peinándome ligeramente el cabello con los dedos. Me di cuenta de que el cabello trenzado se estaba enredando. Intenté separar las trenzas, pero no se separaban. Llamé a algunos refuerzos para que me ayudaran. Mi mamá subió las escaleras y suavemente intentó separar las trenzas. No pasaba nada. Comencé a entrar en pánico poco a poco.

—Bueno —dijo mi mamá con calma—. Creo que deberíamos intentar sacar las extensiones.

—¿Mis extensiones? —exclamé—. Oh, no…

No quería perder mi hermoso cabello. Después de varias horas de intentos por desenredar ese enorme nudo, finalmente accedí. Mi mamá comenzó a deshacer las partes más pequeñas de las trenzas y a quitar las extensiones. Una a una, mi vanidad cayó al suelo.

—Todavía tienes un nudo realmente grande en el cabello, Kris —dijo mi madre despacio—. Intentemos cepillarlo suavemente.

Mi mamá intentó varias horas más, pero el nudo gigante no cedía ni un poquito. No estoy exagerando esta historia en absoluto. Buscamos ayuda en Internet e intentamos de todo, desde aceite y mayonesa hasta envolver mi cabello en papel de cocina transparente. Nada funcionó. Entonces rompí a llorar. Mis ojos se llenaron de lágrimas al darme cuenta del único resultado posible. Mi mamá tendría que cortar ese nudo gigante (¡un poco más de siete centímetros de ancho!) de mi cabello. Estaba a punto de perder un tercio de mi cabello normal. Mi cara estaba roja de tanto llorar mientras mi mamá suavemente quitaba esa horrible pesadilla de mi cabeza. Como resultado de mi vanidad, terminé con menos cabello del que tenía.

Prometí que nunca más me volvería a colocar extensiones de cabello. De hecho, deseé con todo mi corazón volver el tiempo atrás y cambiar mi decisión de colocármelas.

## Una lección difícil pero valiosa

Queda claro que las extensiones de cabello no fueron mi problema. La belleza se había convertido en un ídolo en mi vida. Mi atención había pasado de estar centrada en Cristo a estar centrada en mí misma. Pensé que, si podía solucionar lo que no me gustaba de mi apariencia exterior, sería verdaderamente feliz. ¡Qué equivocada que estaba! Como declara Proverbios 11:2: "Cuando viene la soberbia, viene también la deshonra; mas con los humildes está la sabiduría".

Aprendí dos lecciones valiosas el día que mi vanidad cayó al suelo:

LECCIÓN #1: Desear un cabello hermoso (o lo que sea que desees) no es el problema. El problema echa raíces cuando se vuelve el medio para encontrar o medir tu valía, estima y aceptación.

LECCIÓN #2: Una mujer estará conforme con su aspecto físico solo cuando deje de basar su valor y estima sobre lo que otros piensan de ella y, en cambio, comience a vivir para agradar a Cristo.

Una de las principales razones por las que nosotras, como mujeres, nos sentimos inseguras con nuestro aspecto físico es porque quitamos los ojos de Cristo solo para ponerlos sobre nosotras mismas. Nos centramos en nosotras en vez de centrarnos en Cristo. Esa es la raíz de todas las inseguridades. Lo extraño es que, a menudo, lo hacemos sin siquiera darnos cuenta. A causa de nuestro pecaminoso corazón, estamos constantemente batallando contra nuestra carne, a la que le encanta alimentarse del *ego*: "Porque todo lo que hay en el mundo, los deseos de la carne, los deseos de los ojos, y la vanagloria de la vida, no proviene del Padre, sino del mundo" (1 Juan 2:16).

Por ejemplo, vas por tu día inocentemente y te sientes muy bien, hasta que te miras al espejo y ves algo que no te gusta. ¡Zas! Tu atención se centra inmediatamente en ti. Pierdes de vista el hecho de que Cristo es el único que puede satisfacerte (Proverbios 19:23). Te olvidas de que Él es el único que puede llenar tu depósito de aceptación. Entonces… comienzas a sentirte insegura.

En esos momentos tienes que hacer el esfuerzo intencional de volver a centrar tu corazón en Cristo. Debes negar conscientemente tu carne y decir "no" a las mentiras. ¿Cómo lo haces? Con la verdad. En vez de sumirte en la autocompasión, debes ajustar tu corazón a la verdad de Dios.

> En vez de sumirte en la autocompasión, debes ajustar tu corazón a la verdad de Dios.

La mejor manera de hacerlo es recordar lo que Dios declara. Leer el pasaje de Mateo 6:33 es una buena manera de comenzar: "Mas buscad primeramente el reino de Dios y su justicia, y todas estas cosas os serán añadidas". O Salmos 37:4: "Deléitate asimismo en Jehová, y él te concederá las peticiones de tu corazón". Otro excelente versículo para citar es Salmos 103:1-2: "Bendice, alma mía, a Jehová, y bendiga todo mi ser su santo nombre. Bendice, alma mía, a Jehová, y no olvides ninguno de sus beneficios".

Debes recordarte que ni la belleza, ni los cumplidos, ni la popularidad pueden reemplazar la satisfacción que encuentras en tu relación con Cristo. Así como Kylie lo entendió, ser extremadamente hermosa por fuera no brinda a una mujer ni satisfacción duradera ni seguridad en sí misma. Esas cosas se encuentran solo cuando una mujer elige basar su valor en lo que Cristo piensa de ella y no en lo que el mundo piensa.

EL PROBLEMA: La inseguridad proviene de centrarte en ti misma.

*La solución:* La seguridad proviene de centrarte en Cristo.

### Líbrate de la bestia

La belleza física no tiene que ser una bestia. Es un maravilloso regalo de Dios, que tanto los hombres como las mujeres deben disfrutar y, cuando la vemos desde una perspectiva bíblica, puede ser divertida y agradable.

Nosotras (Kristen y Bethany) disfrutamos vistiéndonos de manera femenina y a la moda. Nos gusta estar siempre bien peinadas y maquilladas. Nos gusta resaltar los rasgos faciales naturales que Dios nos ha dado. Nos gusta probar nuevos productos para ver lo que nos queda bien y lo que no. Cuando nuestra seguridad y felicidad no están basadas en nuestra apariencia exterior, estas cosas pueden ser divertidas sin convertirse en ídolos. Podemos vestirnos por la mañana, mirarnos brevemente al espejo y disfrutar el resto del día sin preocuparnos de lo que los demás piensan de nosotras. Nuestra seguridad está en Cristo, lo que hace que podamos disfrutar el regalo de la belleza que Dios nos ha dado.

Por otro lado, seremos las primeras en admitir que no somos perfectas. La bestia nos tienta a nosotras tanto como a ti. Cada una de nosotras tiene cosas específicas sobre su aspecto físico que no siempre nos gustan. Por ejemplo, a veces (Kristen) he sido muy desagradecida por mi nariz. Comparo mi nariz con la de otras personas y desearía que fuera más fina. Este es un aspecto que necesito entregar intencionalmente a Dios. Por mi lado (Bethany), he sufrido mucho con mis dientes. Usé aparatos durante seis años, pero no estaba conforme con el resultado. Sin embargo, mi sonrisa es lo mejor que puede ser. A veces, este aspecto me ha traído bastante descontento. Tengo que recordarme la necesidad de agradecer a Dios por los dientes que tengo en vez de quejarme por lo que no tengo.

Hemos aprendido que no importa lo que la cultura describe como la mujer ideal. Solo importa lo que Cristo piensa. Este versículo nos ha confortado a las dos: "Porque tú formaste mis entrañas; tú me hiciste en el vientre de mi madre. Te alabaré; porque formidables, maravillosas son tus obras; estoy maravillado, y mi alma lo sabe muy bien" (Salmos 139:13-14).

Dios te diseñó para que te veas tal como te ves. Moldeó tu cuerpo con intención y amor. Permite que tu alma se haga eco de las palabras del salmista: "Maravillosas son tus obras… Y mi alma lo sabe muy bien".

*Dios te diseñó para que te veas tal como te ves.*

Apenas quites los ojos de ti misma y los pongas en Cristo, tu corazón estará conforme con tu aspecto físico porque estarás viviendo para agradarle a Él. No es magia. No es complicado. Realmente es bastante simple. Mira a Cristo. Y, cuando lo hagas, la bestia quedará en segundo plano y tu vida rebosará de verdadera belleza y de seguridad, gratitud y confianza duraderas.

CAPÍTULO 8

# GUÍA DE ESTUDIO

## GUÁRDALO EN TU CORAZÓN

*Una mujer estará conforme con su aspecto físico solo cuando deje de basar su valor y estima en lo que los demás piensan de ella y, en cambio, comience a vivir para agradar a Cristo.*

1. ¿Alguna vez has deseado verte como una supermodelo? Si es así, ¿por qué deseabas eso?

_______________________________________________

_______________________________________________

_______________________________________________

2- Cuando se trata de tu apariencia exterior, ¿cuáles son tus "si solo tuviera..."? ¿Qué rasgos físicos desearías que fueran distintos? Personaliza los siguientes espacios en blanco.

Si solo tuviera ______________________, sería feliz.

Si solo tuviera ______________________, sería feliz.

Si solo tuviera ______________________, sería feliz.

Si solo tuviera ______________________, sería feliz.

Después de leer este capítulo, ¿todavía crees que si recibes las cosas que escribiste más arriba serás verdaderamente feliz?

3. Encierra en un círculo las palabras que mejor reflejan tus sentimientos con respecto a tu aspecto físico:

| | |
|---|---|
| Ingratitud | Seguridad |
| Inseguridad | Gratitud |
| Falta de valía | Confianza |

Según tus respuestas, ¿eres más como la mujer #1 o la mujer #2?

MUJER #1: Su corazón está centrado en sí misma. Lucha con la ingratitud, la inseguridad y la falta de valía. Tiene un ídolo en su corazón y quiere agradar a los demás más que a Dios.

MUJER #2: Su corazón está centrado en Cristo. Rebosa de seguridad, gratitud y confianza. Su corazón está conforme con el diseño de Dios para su vida y vive para agradarle.

4. En vez de quejarte por los "si solo tuviera", es hora de expresar gratitud a Dios. En los espacios en blanco a continuación, escribe los rasgos de tu cuerpo por los que nunca agradeciste a Dios.

Gracias Dios por crear mi ___________________________

Gracias Dios por darme ___________________________

Gracias Dios por ___________________________

Gracias Dios porque tengo ___________________________

5. ¿Verdaderamente crees lo que dice Salmos 139:13-14? Medita en estos versículos cuando te sientas descontenta: "Porque tú formaste mis entrañas; tú me hiciste en el vientre

de mi madre. Te alabaré; porque formidables, maravillosas son tus obras; estoy maravillado, y mi alma lo sabe muy bien".

### HAZLO *Hoy*

¿Qué espejo usas más en tu casa? Ve a ese espejo y escribe esto (usa un marcador de pizarra, lápiz labial, pasta de dientes o lo que encuentres que se pueda limpiar fácilmente): "Por cuanto me has alegrado, oh Jehová, con tus obras; en las obras de tus manos me gozo" (Salmos 92:4).

# 9. CUANDO EL AMOR VERDADERO Y LA FEMINIDAD CHOCAN

Yo (Bethany) me quedé asombrada mientras veía a la princesa disfrazada escapar de los guardias del palacio. Estaba harta de su vida aburrida y de estar atrapada y sola en ese castillo grande y aburrido. Quería aventura. Quería emoción. Quería romance.

Mi pequeña yo de nueve años quedó completamente cautivada por la hermosa princesa y su búsqueda de libertad y romance. La princesa pronto encontró el amor verdadero, y se desmayó en los fuertes brazos de un muchacho apuesto mientras él la rescataba de los guardias del palacio. Mi corazón latía con fuerza mientras veía cómo el muchacho terminaba el fascinante día con nada menos que un paseo en alfombra mágica a través del centelleante cielo nocturno.

Sin darme cuenta, mi pequeño cerebro tomaba bastantes notas. La cultura que me rodeaba formó sutilmente mi percepción del amor y el romance. A medida que pasaron los años, comencé a desarrollar una lista interminable de requisitos sobre el amor verdadero. Me imaginaba a mi futuro esposo físicamente hermoso y prácticamente perfecto en todos los sentidos.

Sería mi príncipe azul. Mi caballero al rescate. Mi hacedor de felicidad. Me amaría incondicionalmente y me aceptaría por lo que soy. Aprovecharía cada oportunidad para traerme flores. Siempre querría tomarme de la mano. Me trataría como una reina, Y, por supuesto, mi felicidad sería su prioridad principal.

¡Ridículo! ¿Nos reímos a carcajadas? Obviamente, mi percepción del verdadero amor aún no había chocado con la realidad.

> La cultura que me rodeaba formó sutilmente mi percepción del amor y el romance.

Aunque la mayoría de nosotras estaría de acuerdo en que el hombre perfecto no existe, a menudo no somos conscientes de que la cultura ha influenciado nuestra percepción del amor y el romance.

Cuando éramos pequeñas, las películas de Disney que mirábamos nos enviaban el mensaje de que encontraríamos el amor verdadero en los brazos de un joven guapo que nos rescatara y con un final feliz y todo. Después nos convertimos en adolescentes y pensamos que el amor verdadero era tan sencillo como las mariposas, los enamoramientos y los mensajes a última hora de la noche. Cuando llegamos a la edad adulta, el amor verdadero se parecía más a encontrar un hombre que satisficiera todas nuestras necesidades y que constantemente nos hiciera felices.

Desde revistas y películas seculares hasta los *reality shows* y la música, nos alimentamos del mismo mensaje subyacente sobre el amor. Es algo así: el amor verdadero es que *tú* encuentres a alguien que *te* haga feliz porque *te* lo mereces.

Mientras investigábamos para este capítulo, nos topamos con un artículo titulado: "16 señales de que es hora de seguir adelante y terminar la relación".[1] En este artículo, la primera señal para terminar la relación era... redoble de tambores, por favor... "La chispa se apagó". Básicamente, cuando los fuegos

1. "16 Signs It's Time to Move On and End the Relationship", Love Panky, consultado en línea el 13 de octubre de 2015, http://www.lovepanky.com/love-couch/broken-heart/16-signs-its-time-to-move-on-and-end-the-relationship.

artificiales se terminan, la relación se muere. ¿Para qué seguir con esa relación?

Lamentablemente, muchas mujeres cristianas han aceptado esta forma de pensar. De hecho, las mujeres cristianas conservadoras también han caído en el engaño. Yo (Kristen) soy un vivo ejemplo de esa trampa. No lo habría dicho, pero, al comienzo de mi matrimonio, buscaba que Zack siempre me hiciera feliz. Que fuera el hombre que siempre me guiara de manera perfecta y que nunca me fallara. Mi percepción del amor se centraba en una cosa: *yo*.

Además de aceptar una visión del amor centrada en sí mismas, a las mujeres modernas se las alienta a desechar de sus relaciones cualquier rastro de feminidad y masculinidad bíblicas. ¿Alguna vez has escuchado/visto frases como estas?: "No soy una princesa. Soy una reina. Puedo arreglármelas sola" o "No seas una mujer que necesita a un hombre. Sé la mujer que un hombre necesita".

El mensaje general es claro: sé una mujer "fuerte" que pueda tomar y dejar a un hombre cuando quiera. La definición bíblica de la feminidad y la masculinidad tiene poco o ningún rol en la relación.

Como resultado de la visión egocéntrica de nuestra cultura sobre el amor y la falta de los roles de género tal como Dios los define, todos (incluso los cristianos) sufren cuando se trata de las relaciones amorosas.

Un artículo escrito por el diario *Daily Mail* expuso que la mujer promedio besará a quince hombres, disfrutará de dos relaciones estables y le romperán el corazón dos veces.[2] Si eso no es suficientemente malo, otras estadísticas muestran que alrededor del 40% de los matrimonios terminan en divorcio.[3]

La verdad es que no necesitamos estadísticas y estudios para

---

2. "No One Said Finding the One Would Be Easy", *Daily Mail*, 1 de enero de 2014, http://www.dailymail.co.uk/femail/article-2532213/No-one-said-finding-The-One-easy-The-average-women-kiss-FIFTEEN-men-enjoy-TWO-long-termrelationships-heart-broken-TWICE.html#ixzz3UrcWnulD.

3. Christopher Ingraham, "Divorce Is Actually on the Rise, and It's the Baby Boomers' Fault", *Wonkblog* (blog), *Washington Post*, 27 de marzo de 2014, http://www.washingtonpost.com/blogs/wonkblog/wp/2014/03/27/divorce-is-actually-on-the-rise-and-its-the-baby-boomers-fault/.

mostrarnos lo poco exitosas que son las relaciones. Solo mira a tu alrededor. ¿Cuántos matrimonios en dificultades ves? ¿Cuántas relaciones disfuncionales has experimentado? ¿Cuántos divorcios has visto desencadenarse? Tenemos que reconocer que "¡algo no funciona!", y es hora de que abramos los ojos y prestemos atención.

A menos que nosotras, como mujeres cristianas, nos liberemos de esta visión distorsionada del amor y de los roles de género, terminaremos hundidas en el mismo bote miserable.

## La definición del amor verdadero

La palabra *amor* viene en todas las formas y tamaños. Lo usamos en un momento informal después de morder una porción de pizza recién sacada del horno o en el momento memorable cuando estamos paradas en el altar el día de nuestra boda. *Amor*. Una palabra tan corta, pero poderosa. La mayoría de nosotras usamos la palabra *amor* cuando nos sentimos felices, cuando el objetivo o la persona delante de nosotros nos hacen la vida mejor.

El amor romántico lleva las cosas un paso más allá. Por lo general, se lo describe como una emoción muy fuerte que se apodera de ti y se apropia de tu cerebro. Las chispas vuelan y los fuegos artificiales explotan. El verdadero amor ha llegado.

> La palabra amor viene en todas las formas y tamaños.

Sin embargo, ¿es esto realmente el amor? ¿El resultado de un sentimiento de felicidad? ¿La sensación de cosquilleo en el estómago? Aunque esas cosas son geniales y pueden ser el resultado del amor, no son la definición del amor. Y es ahí donde la mayoría de la sociedad se confunde. La mayoría de las relaciones amorosas y los matrimonios se basan en la creencia de que el verdadero amor siempre debe crear sentimientos de felicidad. Una vez que los sentimientos de felicidad ya no están, el amor también desaparece. ¿Verdad? Entonces, ¿qué sucede? La pareja se separa o se divorcia.

Si queremos mejores resultados para nuestras relaciones amorosas, tenemos que ir a la raíz de lo que es el amor verdadero. Tenemos que construir nuestras relaciones sobre una base sólida del amor tal como Dios lo define.

El amor tal como Dios lo define es el polo opuesto de casi todo lo que vemos en nuestra sociedad secular. ¿Por qué? Porque va en contra de cada fibra de nuestro ser. Es completamente contrario a nuestros corazones egocéntricos: "Porque el deseo de la carne es contra el Espíritu" (Gálatas 5:17).

¿Sabes cuál es la palabra griega para amor más usada en la Biblia? ¡Hora de un examen sorpresa!

A. EROS
B. ÁGAPE
C. FILÍA

¿Elegiste *ágape*? Si es así, ¡muy bien! La palabra griega *ágape* se menciona 259 veces en el Nuevo Testamento. Si la Biblia repite una palabra 259 veces, deberíamos prestar atención.

Cuando analizamos el significado original de esta palabra, su definición es trascendental. ¿Estás lista? Aquí está: *La esencia del amor ágape es sacrificar el yo*. ¿Entendiste la última parte? *Sacrificar el yo*. ¡Ay!

¿No es interesante cuánto nos gusta, como humanos, la palabra *yo* cuando está sola, pero cuando se le agrega una palabra como *sacrificio* comenzamos a incomodarnos?

El amor tal como Dios lo define es el polo opuesto de casi todo lo que vemos en nuestra sociedad secular.

El amor tal como Dios lo define no está basado en uno mismo, sino más bien en el sacrificio. El amor es una acción, no un sentimiento (1 Corintios 13). *Sacrificar el yo* es la acción que mejor muestra el verdadero amor bíblico.

La historia real de Ian y Larissa Murphy muestra el amor *ágape* de una manera poderosa.

Quizás hayas visto su sitio web o sus vídeos en línea. Si no, este es un resumen de su historia. Eran jóvenes y estaban enamorados. Tenían todo un futuro por delante. Todo parecía perfecto en sus vidas, e Ian no podía esperar para proponerle matrimonio a Larissa. Entonces, de repente, sin previo aviso, algo drástico cambió sus vidas *para siempre*. Ian tuvo un accidente automovilístico donde chocó de frente. Su cuerpo quedó aplastado. Su cerebro sufrió graves lesiones.

El amor es una acción, no un sentimiento.

Contra todo pronóstico, Ian sobrevivió al terrible accidente, pero su cerebro nunca sería el mismo. Ya no podía funcionar independientemente.

En vez de abandonar a Ian por su grave lesión cerebral, Larissa hizo algo sorprendente. Se casó con él. Abandonó sus sueños de una "vida perfecta" y, en cambio, decidió servir de manera sacrificada al hombre que amaba.[4]

El amor verdadero. Así es. Allí mismo. Larissa eligió sacrificar su "yo" en vez de satisfacer su placer. Puso el verdadero amor en *acción*. Sí, su matrimonio ha sido realmente difícil a veces. Sí, ella no siempre ha sido totalmente feliz, pero es una persona leal. El verdadero amor no se desmorona cuando la vida se pone difícil, sino que persevera.

A mí (Kristen) me encanta cómo lo describe esta cita: "El amor es más devoción y acción que una emoción. El amor no se basa exclusivamente en cómo nos sentimos. Desde luego que nuestras emociones cuentan, pero no pueden ser nuestro único criterio para el amor. La verdadera devoción siempre nos llevará a la acción, al verdadero amor".[5]

---

4. Para más información sobre Ian y Larissa Murphy, visita su sitio web: Ianandlarissa.com/.

5. Paul E. Eymann, "What Is True Love and How Do You Know When You've Found It?", Christian Answers Network (Gilbert, AZ: Christian Answers Network, 1996), http://www.christiananswers.net/q-dml/dml-y030.html.

Debemos permitir que Dios defina nuestra visión del amor. Cristo fue el ejemplo máximo de amor sacrificial, y nos llama a amar a otros de la misma manera: "Sed, pues, imitadores de Dios como hijos amados. Y andad en amor [*ágape*], como también Cristo nos amó, y se entregó a sí mismo por nosotros, ofrenda y sacrificio a Dios en olor fragante" (Efesios 5:1-2).

Casada o soltera, el amor *ágape* es la solución de Dios para las relaciones llenas de vida y duraderas.

Alzó sus fuertes brazos para ayudarla a bajar.

—Pues, gracias, amable señor —dijo ella, con un brillo en sus ojos azules. Se recogió su larga falda y salió con cuidado del coche.

—¿Puedo acompañarla hasta adentro? —preguntó, mientras se enderezaba la chaqueta del traje.

—Sí... eso me encantaría —dijo ella con una sonrisa.

Él la condujo por las escaleras hacia la opulenta mansión mientras su delicado brazo se tomaba del suyo.

Romance. Puedes olerlo a un kilómetro de distancia. A pesar de que ya no vivimos en el siglo XIX, el romance de otras épocas todavía intriga a muchas de nosotras. Las mujeres modernas se sienten atraídas por los libros y las películas que distinguen al que conquista de la que se deja conquistar, y en los que existen cortejos inocentes y las familias tradicionales permanecen sólidas. ¿Y sabes qué? Hay algo que nos gusta de todo eso.

> El verdadero amor no se desmorona cuando la vida se pone difícil, sino que persevera.

Por el contrario, los romances modernos han arrojado a la basura el "reglamento de las relaciones". Hoy cualquiera de los géneros puede iniciar la relación. Cualquiera puede ser el o la que conquista. Cualquiera puede proponer matrimonio. Se toma el sexo como un juguete. La pureza es una broma. Las mujeres son las toman la iniciativa. Los hombres son pasivos. Las familias progresistas están reemplazando a las familias tradicionales. Los roles de género están a punto de extinguirse. Aunque algunos puedan ver esto como un logro, los resultados son totalmente devastadores (como mencionamos antes, solo mira a tu alrededor y verás las relaciones destruidas). En vez de dejar a un lado nuestro diseño femenino, necesitamos llevarlo a nuestras relaciones amorosas. ¿Por qué? Porque Dios nos creó para ser mujeres por una razón. El verdadero éxito proviene de aceptar el diseño de Dios en cada área de nuestras vidas.

## Por qué son importantes los roles de género

Entonces, ¿qué significa aceptar el diseño de Dios en nuestras relaciones amorosas? Como mencionamos en el capítulo 5, Dios creó a los hombres y a las mujeres para que tengan roles diferentes, pero igualmente valiosos.

Cuando se trata de romance, el género importa. ¡Mucho! Aunque la Biblia no nos da una guía exacta sobre cómo debería desarrollarse cada relación amorosa, sí nos da principios sobre cómo nuestros roles de género deberían guiar la relación. Dado que el hombre fue creado para ser el líder, esto nos da pistas sobre quién debería ser el que inicia y conquista en la relación. Dado que la mujer fue creada para ser la ayuda, esto nos da pistas sobre quién debería ser la que responde.

Mira cómo John Piper describe nuestros diferentes roles:

> En el centro de la masculinidad madura, hay un sentido de responsabilidad benévola de liderar, proveer y proteger a las mujeres de manera apropiada en las diferentes relaciones del hombre. En el centro de la feminidad madura, hay una libre disposición a afirmar, recibir y fomentar la fuerza y el liderazgo de hombres dignos de manera apropiada en las diferentes relaciones de la mujer.[6]

Ya sea que estés casada, soltera o estés en una relación, estas verdades deberían afectar la manera en que ves las relaciones

---

6. John Piper, *What's the Difference? Manhood and Womanhood Defined according to the Bible* (Wheaton, IL: Crossway Books, 1990), p. 23.

amorosas. Cuando aceptas el diseño de Dios para los roles de género en tu relación amorosa, te estarás preparando y ayudando a tu esposo (o novio) para el éxito duradero.

## Hazte a un lado y deja que él sea el líder

Una de las mayores quejas que escuchamos de las mujeres cristianas (solteras y casadas) sobre los hombres es que no lideran. No tienen iniciativa. No son *hombres*. ¿Alguna vez has dicho eso? Si bien no es nuestra responsabilidad cómo un hombre se comporta, hay muchas cosas que podemos hacer para alentar el liderazgo piadoso. Nuestras acciones tienen una poderosa influencia sobre los hombres. La forma como actuamos, hablamos, nos vestimos y nos comportamos tiene la capacidad de (1) alentar la masculinidad y el liderazgo piadoso o (2) alentar la pasividad y la indiferencia.

Una mujer cristiana obstinada llamada Hortensia aprendió esto de la peor manera. Echa un vistazo a esta historia del libro de Mary A. Kassian, *Chicas sabias en un mundo salvaje*:

> Vio a un muchacho que le gustaba. Le pidió salir juntos. Insistió en pagar todo por mitad en sus citas. Lo llamó. Lo besó. Sacó a relucir el tema del matrimonio. Negoció los términos. Insistió en un apellido compuesto. Hizo que dejara su trabajo y se mudara por culpa del empleo de ella, porque ganaba más que él, y por tanto sería él quien se quedaría en casa con los niños. Bien. Hoy, diez años después del inicio de su relación, Hortensia odia a su esposo. ¿Sus quejas? Es un hombre sin motivación. Un peso muerto. Para que haga algo, ella tiene que rogárselo. No tiene iniciativa. Es flojo, quejoso y repugnante. Ella es la única que contribuye. Y está agotada.
>
> Espera un momento, Hortensia. Permíteme aclarar una cosa. Tú le pediste salir. Lo perseguiste. Tomaste la delantera. Dominaste la relación. Lo moldeaste como si fuera arcilla en tu mano e hiciste de él lo que tú querías que fuera… ¿y ahora lo odias por ello? Y lo que es más, ¿esperas que ahora

> se enfrente a tantos años de "castración" y se convierta de repente en un hombre? ¿Por qué debería hacerlo? En tu casa tú eres el "hombre", o al menos has fingido que podrías serlo.[7]

Las mujeres que dominan el liderazgo han conducido a miles de relaciones y matrimonios a la misma situación de Hortensia.

*¡Canalicemos nuestra influencia en una dirección que realmente aliente a los hombres a ser hombres!*

## Despierta al héroe en tu hombre

Si queremos mejores resultados en nuestras relaciones amorosas, necesitamos una mejor estrategia. ¡En vez de usar nuestra fuerza femenina para dominar, canalicemos nuestra influencia en una dirección que realmente aliente a los hombres a ser hombres!

Ya sea que estés soltera, en una relación o casada, aprender a fomentar la masculinidad piadosa es clave para una relación exitosa. Además de mostrar el amor *ágape* (sacrificial), aquí hay algunas cosas prácticas que puedes hacer para alentar la masculinidad piadosa en tu esposo o novio:

1. FOMENTA SU LIDERAZGO (1 CORINTIOS 11:3). Si te interesa salir con alguien, espera a que él te invite a salir. Espera a que él dé sus propios pasos. En cualquier relación, pregúntale qué piensa y escúchalo. Permítele tomar decisiones en la relación. Pídele su consejo para cosas pequeñas y grandes. Muéstrale tu aprobación cuando tome una buena decisión, aunque sea una sencilla.
2. HABLA PALABRAS DE VIDA (PROVERBIOS 16:24). Esfuérzate por eliminar el lenguaje negativo de tu vocabulario.

7. Mary A. Kassian, *Chicas sabias en un mundo salvaje* (Grand Rapids: Portavoz, 2017), p. 130.

En cambio, elige palabras de aliento que sean poderosas. Despierta lo bueno en tu hombre. Elogia su carácter, sus pensamientos y sus buenas acciones.

3. AYÚDALO A TENER ÉXITO (GÉNESIS 2:18). Ayuda a tu hombre a tener éxito mientras él se esfuerza por ser el líder y el proveedor. Preocúpate por su trabajo. Afirma sus logros y demuestra que eres comprensiva y que estás dispuesta a escucharlo.
4. DEJA QUE ÉL SEA FUERTE (1 CORINTIOS 16:13-14; 1 PEDRO 3:7). Alienta la masculinidad que Dios le dio en todas las formas posibles. Deja que te proteja. Pídele que te acompañe cuando estás en un restaurante o un lugar lleno de gente. Si puede, deja que te abra las puertas cuando entras a un lugar.
5. FOMENTA EL LIDERAZGO ESPIRITUAL (EFESIOS 5:25-26). ¡Esto es importante! Para muchas mujeres cristianas, tener un hombre que pueda guiarlas espiritualmente es una prioridad en la lista. Ora por él todos los días. Envíale notas y versículos edificantes en la semana. Pídele su opinión en asuntos espirituales. Ora a diario para que Dios lo levante y sea un hombre que ama al Señor y su Palabra.

Cuanto más aceptes tu feminidad tal como Dios la define, más alentarás a tu hombre a estar a la altura de las circunstancias. La forma más poderosa de fomentar la masculinidad piadosa es vivir la feminidad piadosa.

## Usa tu feminidad para fomentar la pureza

Una de las formas más impactantes para cultivar una relación exitosa es usar tu feminidad para fomentar la pureza moral. La pureza moral te ayudará no solo a evitar el dolor y la tristeza, sino también a honrar al Dios que te creó.

Con la fuerza de Dios, tanto Zack como yo (Kristen) nos mantuvimos vírgenes hasta nuestra noche de bodas. La recompensa de guardarnos sexualmente el uno para el otro es algo que siempre valoraremos y jamás lamentaremos.

Ya sea que estés casada o soltera, Dios te llama a una vida de pureza moral (1 Tesalonicenses 4:3-5). Si en el pasado fallaste, no es demasiado tarde para cambiar. A partir de este momento, puedes fomentar la pureza en tu relación.

## Una carta a las mujeres solteras (de parte de Bethany)

*¡Hola! Ser soltera no es fácil. Tener un novio tampoco es fácil. Las tentaciones sexuales son incesantes, tanto para nosotras como para nuestros hermanos en Cristo. Para cultivar la pureza en nuestras relaciones amorosas, necesitamos que nuestra mente y nuestro corazón sean puros delante de Dios.*

*Personalmente, desecho la basura (revistas, películas, sitios web nada edificantes, etc.) de mi vida y la reemplazo con material que alimente mi alma. Leer la Palabra de Dios todos los días es una buena manera de comenzar. Además, elige algunos versículos para memorizar y medita en ellos cada vez que te sientas tentada. Me gusta el Salmo 51:10, que proclama: "Crea en mí, oh Dios, un corazón limpio, y renueva un espíritu recto dentro de mí". Lee libros cristianos de buena calidad* * *que llenen tu mente con los mensajes correctos.*

*Una vez que tu corazón esté en lo correcto, busca maneras de ayudar a tus hermanos en Cristo a mantenerse puros. No permitas que tu deseo personal de cercanía física arrastre tu relación por el camino equivocado. Ejerce dominio propio cuando lo tocas. Vístete de una manera que realce tu rostro en vez de tus curvas. Sé prudente a la hora de elegir las películas y los programas de televisión que miran juntos.*

*Es poco probable que te arrepientas de haber sido "demasiado pura". Oro para que te unas a mí en la lucha por la pureza. Que tu relación amorosa esté marcada por el carácter y el diseño de Dios para el matrimonio.*

*Con amor, Bethany*

* ¡Como este!

## Una carta a las mujeres casadas (de parte de Kristen)

*¡Hola! Supongamos que estamos conversando en una cafetería. Tú y yo sabemos que muchas personas ya no ven el matrimonio como un pacto para toda la vida, por lo tanto, no lo defienden con tanta firmeza. Si queremos más para nuestros matrimonios, será mejor que luchemos mucho más. La pureza es muy importante antes y después del matrimonio.*

*Zack y yo luchamos por nuestro matrimonio y para ello pusimos límites y barreras de protección. Estas son algunas de las cosas que hago para proteger mi corazón. Por ejemplo, nunca coqueteo con otros hombres, ni siquiera en las redes sociales. Esta es una pendiente resbaladiza que nunca te lleva a buen lugar. Nunca estoy sola con un hombre (en una habitación, automóvil, etc.). Aunque esto suene extremo, mi objetivo es crear un gran amortiguador entre mí y el primer paso a una transigencia.*

*Personalmente, descubrí que las novelas románticas crean en mí un corazón de impureza y descontento, así que ya no las leo. Otra cosa que me esfuerzo por no hacer, y te animo a que tampoco la hagas, es que nunca compares tu matrimonio con el de otros y, en especial, no compares a tu esposo con otros hombres. Esto crea un corazón de insatisfacción y abre la puerta para que Satanás entre y destruya tu matrimonio.*

*Por otro lado, algo positivo que hago para fortalecer mi matrimonio es orar por mi esposo todos los días. Dedico tiempo a poner a Zack en oración y pedir a Dios que proteja nuestro matrimonio y le dé a Zack la sabiduría de ser un líder piadoso. La oración es una herramienta eficaz que Dios nos permite usar todos los días (1 Juan 5:14-15). Zack y yo también oramos juntos como pareja todas las mañanas y todas las noches. A veces, las oraciones son buenas y breves, pero siempre nos llevan a alzar nuestros ojos al cielo.*

*Mi matrimonio con Zack no es perfecto, pero con la fuerza de Dios estamos luchando tanto como podemos para defenderlo.*

*Muchachas, estamos en esta batalla juntas. Seamos esposas que nunca se cansen de defender con firmeza nuestros matrimonios.*

*Besos y abrazos, Kristen*

## El amor para toda la vida es posible

El amor romántico puede ser lo más dulce o lo más amargo que pruebes depende de cómo lo abordes. Las ideas del mundo parecen buenas, pero no terminan bien. El camino de Dios requiere sacrificio, paciencia y fe en su diseño, pero producirá resultados mucho mejores. Sé una mujer que inspire un cambio en los demás a través de tu obediencia a Dios.

*Sé una mujer que inspire un cambio en los demás a través de tu obediencia a Dios.*

Para las esposas, el verdadero amor no consiste en satisfacer todas tus necesidades. Se trata más bien de amar desinteresadamente a tu hombre para la gloria y la honra de Cristo. Para las solteras, sé exigente y cauta. No te apresures a iniciar una relación amorosa sin haber orado lo suficiente y haber recibido sabios consejos. Busca un hombre que ame al Señor y desee honrarlo con su vida.

Nosotras, como mujeres, podemos tener esperanza en nuestras relaciones amorosas si hacemos las cosas a la manera de Dios. Como Sheila Gregoire expresa muy bien: "En un mundo de celebridades, que constantemente se separan, tener un matrimonio bueno y sólido es algo que puede hacer que otros crean que Dios sí marca la diferencia y que el amor para toda la vida es posible".[8]

8. Sheila Gregoire, "People Are Watching Your Marriage", *To Love Honor and Vacuum* (blog), consultado en línea el 12 de octubre de 2015, http://tolovehonorandvacuum.com/2011/10/on-affection-dealing-with-teenagers-and-successes/.

CAPÍTULO 9

# GUÍA DE ESTUDIO

## GUÁRDALO EN TU CORAZÓN

*El amor tal como Dios lo define no se basa en uno mismo, sino más bien en el sacrificio. El amor es una acción, no un sentimiento.*

1. ¿De qué manera la versión de amor de Hollywood ha influenciado tu pensamiento?

______________________________

______________________________

______________________________

2. Para las solteras: ¿Qué expectativas estás poniendo en tu relación futura para que te haga feliz? ¿Qué influencia ha tenido la versión cultural y egocéntrica del amor en tus expectativas?

______________________________

______________________________

______________________________

3. Para las casadas: ¿Qué expectativas estás poniendo actualmente en tu esposo para que te haga feliz? ¿Qué influencia

ha tenido la versión cultural y egocéntrica del amor en tus expectativas?

_______________________________________________

_______________________________________________

_______________________________________________

4. La esencia del amor *ágape* es sacrificar el yo. ¿Tu amor está basado en el sacrificio del yo? Escribe un párrafo sobre cómo puedes mostrar el amor *ágape* hoy.

_______________________________________________

_______________________________________________

_______________________________________________

5. ¿Cómo puedes aplicar cada una de estas cinco acciones en la relación con tu esposo o novio (o en una relación futura)? Escribe una idea debajo de cada una:

   - Fomentar su liderazgo.

   _______________________________________________

   - Hablar palabras de vida.

   _______________________________________________

   - Ayudarlo a tener éxito.

   _______________________________________________

   - Dejar que él sea fuerte.

   _______________________________________________

   - Fomentar el liderazgo espiritual.

   _______________________________________________

6. Ya sea que estés casada o soltera, ¿estás cultivando activamente la pureza en tu vida? ¿Qué cambios necesitas hacer para honrar a Dios en esta área?

______________________________________________

______________________________________________

______________________________________________

HAZLO *Hoy*

La pregunta número 5 enumera cinco maneras de alentar al hombre de tu vida (las solteras pueden practicarlo con sus padres, hermanos, etc.). Elige una de esas cinco áreas y ponla en práctica *hoy*.

# 10. MUJERES TRABAJADORAS Y EXITOSAS

Yo (Kristen) miré alrededor de la mesa. Me sentía fuera de lugar rodeada de médicos exitosos, dueños de negocios pudientes, y hombres y mujeres que habían hecho mucho dinero. Era una cena de negocios de la compañía de mi esposo. Estas personas eran muy exitosas de acuerdo con los estándares mundiales. De hecho, estoy bastante segura de que mi auto costó menos que sus joyas. Tomé mi vaso y bebí un sorbo de agua de manera despreocupada, tratando de parecer cómoda. La verdad es que quería estar en cualquier otro lugar menos en *esa* mesa. Cuando empezó la conversación para conocernos mejor, y a medida que fue avanzando la charla, yo me sentía cada vez más pequeña.

De repente, el momento temido llegó.

—¿Y tú qué haces, querida? —preguntó una doctora retirada, mirándome directamente. Todos los ojos se volvieron en mi dirección. Se me secó la boca. Sonreí y luego titubeé. Intentaba pensar en algo bueno para decir. No se me ocurrió nada.

—Yo... trabajo para la empresa de mi esposo y dirijo un ministerio para jóvenes y mujeres cristianas —dije casi a modo de disculpa.

—Qué interesante —respondió dulcemente.

Conversación terminada.

Quería hundirme en el suelo y desaparecer. Mi trabajo parecía patético comparado con lo que ella había logrado. Estaba sumamente agradecida cuando la noche terminó.

*La presión por convertirnos en "alguien" se nos impone en el momento en que tenemos edad suficiente para conseguir un trabajo.*

Probablemente, puedas identificarte con mis sentimientos en algún punto. Vivimos en una sociedad que equipara el éxito de una persona con la cantidad de dinero que posee, en el éxito de su empresa o en el prestigio de su carrera. La presión por convertirnos en "alguien" se nos impone en el momento en que tenemos edad suficiente para conseguir un trabajo.

Nosotras (Kristen y Bethany) luchamos constantemente con esta presión después de la secundaria y, para ser sinceras, a veces todavía lo hacemos. A donde fuéramos, sentíamos la presión de estar a la altura de la definición de éxito de otras personas. En el fondo, queríamos que nos elogiaran y sentir la admiración de quienes nos rodeaban. Queríamos parecer exitosas a los ojos del mundo. Queríamos tener una respuesta elaborada cuando la gente nos hiciera la temida pregunta: "¿Qué haces de tu vida?". ¿Puedes identificarte con nosotras? Ya sea que vayas a cumplir veinte años o ya los hayas pasado, tal vez hayas sentido la presión de la que estamos hablando.

Mientras las dos luchábamos y orábamos para saber qué hacer con nuestras vidas, una pregunta seguía apareciendo en nuestra mente: "¿Qué significa ser una mujer exitosa?". Sinceramente, no estábamos seguras de cómo responder a esa pregunta. Lo que no sabíamos entonces, pero ahora sí, es que la respuesta a esa pregunta es la fuerza que impulsa a cualquier mujer a hacer lo que hace.

## Codearse en el mundo corporativo

La mayoría de las mujeres quieren dar una imagen de personas exitosas. ¿Tú no? Pues bien, tu definición de mujer exitosa te impulsará a buscar el éxito de acuerdo con esa creencia. La realidad es que la mayoría de nosotras no tenemos una definición sólida de lo que significa ser bíblicamente exitosa, así que tomamos por defecto la opinión más popular que existe por ahí.

Yo (Bethany) hice una búsqueda por Internet para tener una idea de cómo la cultura define a una mujer exitosa. Escribí la pregunta: "¿Qué es una mujer exitosa?" e hice clic en la pestaña de imágenes. Las imágenes valen más que mil palabras, ¿verdad? En cuestión de segundos, la pantalla de mi computadora se llenó de imágenes de mujeres vestidas de traje, mujeres que daban presentaciones, mujeres en reuniones de la junta directiva y mujeres que trabajaban en sus computadoras.

*La mayoría de las mujeres quieren dar una imagen de personas exitosas.*

El mensaje que recibí fue bastante claro: una mujer exitosa del siglo XXI trabaja en el mundo corporativo. Se codea con hombres y mujeres en prestigiosas reuniones de negocios. Asciende rápidamente en la escalera corporativa.

Un popular artículo de Forbes titulado "Las mujeres más inspiradoras del mundo"[1] reveló su lista de ejemplos femeninos. La lista incluía una conocida periodista, una novelista, una supermodelo, una piloto de autos de carrera (que prueba que "las mujeres son tan rápidas como los hombres") y una actriz mayor elogiada por su valentía al posar desnuda, entre otras.

La temática de este artículo dejó bastante claro que el éxito de una mujer está casi completamente vinculado a una cosa: su carrera. La autora y maestra bíblica Nancy DeMoss Wolgemuth

1. "The World's Most Inspiring Women," *Forbes*, 17 de julio de 2010, http://www.forbes.com/2010/07/17/role-model-oprah-winfrey-angelina-michelle-obama-forbes-woman-power-women-jk-rowling.html.

manifestó que, al parecer, "la identidad y el valor de las mujeres se han equiparado con su rol en la comunidad o en el mercado laboral. Así es como, en general, se define, se mide y se experimenta su 'valor'".[2]

Te guste o no, en la sociedad del siglo XXI, el trabajo de una mujer es el criterio según el cual medir su éxito. Se nos dice que "salgamos y trabajemos" para que podamos desarrollar nuestra independencia, ser autosuficientes, aceptar nuestra liberación y avanzar en nuestras carreras personales. Como resultado de este popular impulso, muchas mujeres cristianas han adoptado esta visión y persiguen el éxito de acuerdo con esta creencia.

Esta creencia lleva a las mujeres a priorizar sus carreras como lo más importante de sus vidas. Por defecto, dedican la mayor parte de su tiempo, energía y esfuerzo para ser exitosas de acuerdo con la definición de la cultura.

Aunque esta definición puede ser muy popular, plantea dos grandes problemas para nosotras como mujeres cristianas porque (1) deja a Dios completamente fuera de escena, y (2) siempre está *cambiando*.

## El criterio que siempre cambia

Lo que es normal hoy no era normal hace cien años. A las mujeres que vivieron en el siglo pasado se las medía con un criterio de éxito completamente distinto al de las mujeres de hoy. Así como la economía cambia constantemente, también lo hace el criterio para medir el éxito de una mujer. De hecho, si hoy viajaras por el mundo, descubrirías que cada cultura tiene un criterio ligeramente distinto para medir el éxito de una mujer.

*La definición cultural de éxito siempre está cambiando.*

Lo mismo ocurre con las culturas pasadas. Piensa en las mujeres del Antiguo Testamento. ¿Cuál era el estándar de la cultura para una

2. Nancy Leigh DeMoss, ed., *Atrévete a ser una mujer conforme al plan de Dios* (Grand Rapids: Portavoz, 2010), p. 16.

mujer exitosa? Pista: no era una piloto de autos de carreras. Medían el éxito de una mujer según la cantidad de hijos que tenía. ¿Te acuerdas de Raquel? "Dame hijos, o si no, me muero" (Génesis 30:1).

Esto nos muestra que la definición cultural de éxito siempre está cambiando. Evoluciona constantemente. Las presiones que nuestras hijas enfrentarán serán diferentes a las presiones que nosotras enfrentamos.

Esta realidad nos plantea un dilema. ¿Por qué? Porque un criterio que cambia constantemente es *poco confiable*.

Si nosotras, como mujeres cristianas, queremos ser verdaderamente exitosas, tenemos que construir nuestras vidas sobre un criterio confiable e invariable. Y el único criterio que nunca cambia es el que encontramos en la Biblia. La Palabra de Dios es sólida como una roca. Y tampoco nos deja con dudas cuando se trata del trabajo. Dios expone claramente sus principios para el trabajo y sus prioridades para las mujeres. De hecho, es uno de los mayores impulsores del trabajo duro, la ambición y la productividad.

Exploremos lo que dice la Palabra de Dios sobre las mujeres, el trabajo y lo que significa ser verdaderamente exitosa.

## Mujeres trabajadoras

Con el sol que se asomaba por la ventana, sabía que tenía que apurarse. Se ató las sandalias, tomó su bolsa y salió corriendo para otro día de trabajo. Saludó a las otras mujeres al atravesar el portón. Se hincó en un rincón y comenzó otra larga jornada de recoger trigo en el campo. A medida que avanzaba el día, su cara se ensuciaba, su ropa se llenaba de sudor y ella empezaba a oler mal. Esta mujer sabía trabajar duro.

Una mujer diferente experimentó una rutina similar, solo que sus días estaban repletos de telas para cortar y cuerdas para atar. Esta mujer pasaba sus días trabajando duro bajo el sol junto a su esposo para que el negocio de fabricación de tiendas de su familia progresara. Ella también sabía trabajar duro.

Una tercera mujer tenía un trabajo muy diferente. Era una hábil comerciante, conocida por sus telas de alta calidad y colores vivos. Trabajaba con sus manos en la tintura de telas de colores vivos y de calidad digna de un rey. Personas de todo el país venían a comprar su trabajo artesanal. Esta mujer sabía trabajar duro.

¿Quiénes son estas tres mujeres trabajadoras? No son otras más que Rut, Priscila y Lidia de las páginas de la Biblia. Como probablemente ya lo sabes, Rut trabajaba en un campo (Rut 2), Priscila fabricaba tiendas (Hechos 18) y Lidia era vendedora de púrpura (Hechos 16). Estas mujeres de la Biblia conocían el valor del trabajo duro y la ambición, pero también sabían el secreto del éxito como Dios lo define.

*Estas mujeres de la Biblia conocían el valor del trabajo duro y la ambición.*

Antes de seguir leyendo, queremos que hagas un trato con nosotras. Para el resto de este capítulo, debes desechar todas tus ideas preconcebidas sobre el éxito. Por un momento, deja de lado tus opiniones y deja que Dios hable a tu corazón. De hecho, ¿por qué no haces un alto y oras? Simplemente, pídele a Dios que ablande tu corazón y te haga comprender su versión de una mujer exitosa. Eso es. Vamos, inténtalo.

## No se trata de tejer calcetines

Cuando las dos nos pusimos a explorar la Biblia en busca de respuestas a nuestras preguntas sobre qué tipo de trabajo debíamos procurar para nuestras vidas, descubrimos algunos detalles reveladores. Examinamos la vida de las mujeres piadosas a lo largo de las Escrituras y encontramos algunos resultados sorprendentes. Las mujeres de la Biblia no estaban sentadas tejiendo calcetines de la mañana a la noche, ¡trabajaban duro! *Realmente* duro. Eran ambiciosas mujeres emprendedoras que amaban a Dios. Eso nos gustó.

Al estudiar un poco más, nos dimos cuenta de que el trabajo duro era parte del plan perfecto de Dios desde el principio de los tiempos. El trabajo duro es algo bueno y divino. Antes que el pecado entrara en el mundo, Adán y Eva recibieron el mandato de gobernar toda la tierra y Dios les dijo que trabajaran duro en ella (Génesis 1:28). ¿Qué significa eso para nosotras hoy? Significa que *el trabajo duro es fundamental para ser una mujer exitosa*.

El trabajo duro es algo bueno y divino.

Ya que la Biblia está claramente de acuerdo con que las mujeres realicen una variedad de trabajos duros, nosotras también deberíamos estarlo. Quizás pienses: *¿Cuál es el problema? Nuestra cultura también alienta a las mujeres a hacer una variedad de trabajos duros*. Buena pregunta. Sí, nuestra cultura nos alienta, como mujeres, a ser ambiciosas en nuestros planes y objetivos, pero no tiene en cuenta las prioridades de Dios de por qué deberíamos trabajar duro (¡pronto las enumeraremos!).

A diferencia de la cultura moderna, el propósito y la motivación detrás del trabajo de las mujeres piadosas y trabajadoras de la Biblia eran bastante diferentes. Casi sin excepción, estas mujeres piadosas trabajaban duro por dos razones:

1. Para glorificar a Dios.
2. Para bendecir y servir a sus familias.

Su propósito de trabajar duro no era exaltarse a sí mismas. No era colgar sus logros en una pared. No era para convertirse en "algo". Su propósito era glorificar a Dios. Se centraba en amar a sus familias. Coincidía con el diseño de Dios para la feminidad.

## Esta joven tiene ambición

La mujer de Proverbios 31 es el símbolo de una mujer abnegada y trabajadora. Aunque no era una mujer real, este capítulo es una imagen atemporal de la feminidad piadosa. De hecho, Proverbios 31 se escribió como un ejemplo para que los jóvenes judíos supieran qué tipo de cualidades debían buscar en una esposa. Proverbios 31:10-31 está escrito como un acróstico hebreo a fin de poder memorizarlo fácilmente. Este ejemplo de una "esposa excelente" no solo les muestra a los hombres cómo es una esposa piadosa, sino que también les da a las mujeres una imagen clara de una mujer como Dios la define.

La mujer de Proverbios 31 muestra que la ambición y el trabajo duro son altas prioridades para la mujer piadosa. Leer sobre ella nos desconcierta. Era inteligente, trabajadora, entendida en negocios, sabia, tierna, generosa, talentosa y diligente (solo por nombrar algunas de sus características). Trabajaba duro desde el amanecer hasta el atardecer y hasta bien entrada la noche. También trabajaba dentro y fuera de la casa en distintas tareas. Sin embargo, su trabajo tenía muy poco que ver con ella.

Servir a nuestras familias, ministrar a los demás y glorificar a Dios es fundamental para convertirnos en mujeres exitosas.

Cuando leas Proverbios 31, verás por qué trabajaba tan duro. Todo lo que hacía era para los mismos dos propósitos que acabamos de mencionar: honrar a Dios y bendecir y servir a su familia. Su arduo trabajo (dentro y fuera del hogar) se centraba en ser una esposa piadosa, madre, ama de casa y ayuda para su familia. Su hogar y su familia eran realmente el centro de su atención. Su trabajo no tenía que ver con ella, con su carrera ni con su independencia, sino con honrar a Dios y amar a su familia.

La mujer de Proverbios 31 y otras mujeres piadosas de la Biblia nos dan una buena imagen de cómo es el éxito que Dios define. *Servir a nuestras familias, ministrar a los demás y glorificar a Dios es fundamental para convertirnos en mujeres exitosas.*

Cuando las dos comenzamos a entender el corazón de Dios

detrás del trabajo duro, una pregunta constante aún daba vueltas en nuestra mente: *¿Debería nuestro diseño específico como mujeres afectar nuestras metas y planes de vida? ¿Debería nuestra feminidad indicarnos algo?* La cultura nos decía que no, pero teníamos la sensación de que Dios pensaba de manera diferente.

## Es hora de sacar el mapa

Una broma de toda la vida entre hombres y mujeres es que a los hombres no les gusta pedir indicaciones y a las mujeres sí. Se sabe que los hombres conducen muchos kilómetros más por no detenerse a pedir indicaciones. Sin embargo, las mujeres, generalmente, no tienen problemas para detener el automóvil cuando se dan cuenta de que su rumbo no está claro.

Aunque esta es una diferencia divertida, revela un profundo contraste entre los géneros. A las mujeres les gustan las indicaciones. Nos encanta saber a dónde vamos y exactamente cómo llegar allí. Nos encanta tener un plan.

Cuando se trata de nuestra feminidad, (Kristen y Bethany) creemos que muchas de nosotras tenemos el mismo deseo. Queremos un plan; queremos indicaciones. Queremos un mapa que nos indique qué camino debemos tomar. No queremos desperdiciar nuestro tiempo al conducir en círculos.

Felizmente, ¡Dios nos respalda! Nos ha dado, como mujeres, el mapa del éxito real y duradero. De hecho, nuestra feminidad es tan importante que nos dedica versículos específicos totalmente para *nosotras*.

Los capítulos como Proverbios 31 y Tito 2 nos dan un criterio sólido de lo que realmente significa tener éxito.

Aunque la vida de cada mujer es única y diferente, los principios que se encuentran en estos versículos deben ser la base sobre la que cada mujer construya su vida. Este es nuestro mapa. Esta es nuestra guía. Te animamos a que leas estas indicaciones detalladamente.

## MAPA PARA EL ÉXITO COMO DIOS LO DEFINE:

Teme al Señor (Proverbios 31:30).

Habla palabras de sabiduría (Proverbios 31:26).

Es hospitalaria (Proverbios 31:20).

Habla con clemencia (Proverbios 31:26).

Cuida mucho de su hogar y su familia (Proverbios 31:27; Tito 2:5).

Ama y respeta a su esposo (Proverbios 31:11-12).

Ama a sus hijos (Tito 2:4).

No es perezosa o descuidada con su tiempo (Proverbios 31:27).

Trabaja duro desde la mañana hasta la noche (Proverbios 31:15, 18).

Es respetuosa en su conducta (Tito 2:3).

Enseña a las mujeres más jóvenes (Tito 2:4).

Es prudente en sus palabras y acciones (Tito 2:5).

Busca la pureza en cada área de su vida (Tito 2:5).

Dios tiene mucho para decir sobre la feminidad. Estos versículos dejan claro que Dios define el éxito no por la cantidad de dinero que ganamos, cuántos títulos hemos obtenido, cuán prestigiosa es nuestra carrera, cuánto ha crecido nuestro ministerio, cuántos hijos tenemos, qué tan grande es nuestra casa o qué tan lujoso es nuestro automóvil. El criterio de Dios para el éxito se basa en el estado de nuestro corazón. Él está buscando mujeres que compartan su visión de la feminidad, valoren las cosas que Él valora y procuren las cosas que Él ama.

*No podemos planificar nuestro futuro y luego hacer que la feminidad bíblica se adapte a eso.*

Si queremos ser exitosas según la Palabra de Dios, no podemos separar nuestra feminidad de nuestros planes de vida. No podemos separar nuestra feminidad de nuestros objetivos profesionales. No podemos planificar nuestro futuro y luego hacer que la feminidad bíblica se adapte a eso.

Para muchas mujeres cristianas, aquí experimentan una discrepancia. Muchas de nosotras sabemos lo que la Biblia dice sobre la feminidad, pero lo ignoramos. Sabemos cuál es la visión de Dios para el éxito, pero no la perseguimos. Nuestro conocimiento no se traduce en un cambio de vida. Sin pensarlo dos veces, ponemos a la feminidad bíblica en segundo lugar detrás de nuestras ideas. Esta triste realidad se ve más claramente cuando se trata de la familia.

## A repensar lo que valoramos

Mujeres, no podemos andar con rodeos. Lo que las dos estamos a punto de decir no es popular en nuestra sociedad. Hoy día, una de las profesiones más menospreciadas, menos buscadas y poco reconocidas es la de esposa y madre. Pregúntale a cualquier joven cristiana en edad universitaria sobre sus planes futuros, y casi nunca mencionará el matrimonio y la familia. ¿Por qué? Porque esas cosas ya no se valoran en nuestra sociedad. No se ven como un plan exitoso. Como consecuencia, muchas mujeres jóvenes se avergüenzan de expresar verbalmente su deseo, y mucho más sus planes.

Es una gran tragedia.

Cuando miramos el plan de Dios para el matrimonio y la maternidad, vemos todo lo contrario. Dios creó el matrimonio como una oportunidad noble y gloriosa para que hombres y mujeres muestren el carácter y la naturaleza de Dios. La imagen del evangelio se entrelaza con el pacto matrimonial de un esposo y una esposa. A los ojos de Dios, desear ser esposa no es algo de qué avergonzarse, sino más bien un objetivo muy honorable.

*A los ojos de Dios, desear ser esposa no es algo de qué avergonzarse, sino más bien un objetivo muy honorable.*

Además del matrimonio, Dios ama a los niños y la maternidad. Da un inmenso valor y respeto al hogar (Tito 2:4-5). Como mencionamos anteriormente, Dios nos creó, como mujeres, con una capacidad especial para cultivar relaciones, producir vida y ayudar a los demás. El matrimonio, la maternidad y las tareas domésticas pueden haber pasado de moda para algunas personas, pero son honorables a los ojos de Dios (Salmos 127:3-5; Proverbios 18:22; 31:10-31).

Ten en cuenta que *no* estamos diciendo que la identidad y el valor de una mujer se basan en su estado civil o en su condición de madre. Somos muy conscientes de que no todas las mujeres se casarán y que no todas las casadas tendrán hijos. Simplemente, estamos señalando que Dios valora con profundidad estas cosas; por lo tanto, nosotras también deberíamos hacerlo.

Yo (Kristen) todavía no tengo hijos, y Bethany no estaba casada cuando escribimos este libro, por lo que debería ser obvio que creemos que Dios puede usar a una mujer de muchas maneras. De todos modos, a ambas nos apasiona valorar el matrimonio y la maternidad por una simple razón: porque Dios así lo hace (Proverbios 12:4; 17:6; 19:14).

Como mujeres cristianas, Dios nos llama a ser como Él. Si Dios valora algo, nosotras también deberíamos hacerlo. Si Dios llama bendición a algo, nosotras también deberíamos hacerlo. Nunca deberíamos avergonzarnos o apenarnos por amar lo que Dios ama. Incluso, aunque nunca nos casemos o nunca tengamos hijos, aun así, deberíamos defender estas verdades bíblicas.

## Respuestas a preguntas difíciles

Los temas como el matrimonio, la maternidad y el trabajo inevitablemente suscitan muchas preguntas. Suponemos que tú tienes algunas. Hemos lidiado con muchas preguntas difíciles, como: "¿Está mal que las mujeres se esfuercen por obtener logros académicos?". "¿Está mal que las mujeres cristianas sigan una carrera?".

"¿Está mal que las madres trabajen fuera del hogar?". Estas son excelentes preguntas que requieren respuestas bien fundadas.

Con el fin de obtener respuestas bíblicas a estas preguntas recurrentes, creamos un sistema de filtro. Lo llamamos el "filtro del qué, el por qué y el cuándo". Al usar este filtro, podemos determinar si nuestros planes y objetivos específicos son bíblicos y honran a Dios. Este filtro no es infalible, pero nos ha ayudado a responder nuestras preguntas difíciles, y creemos que también te ayudará a ti.

## EL "FILTRO DEL QUÉ, EL POR QUÉ Y EL CUÁNDO"

### El ¿qué?

El primer paso para obtener tus respuestas es empezar con el qué. ¿A qué te quieres dedicar? ¿En qué inviertes la mayor parte del tiempo en este momento? ¿Qué te esfuerzas por alcanzar?

¿Es un trabajo? Si es así, ¿qué tipo de trabajo? ¿Es ir a la universidad? Si es así, ¿qué tipo de título? ¿Es casarte? ¿Es ser mamá? ¿Es trabajar en un ministerio? ¿Es comenzar un negocio? ¿Por qué cosas te esfuerzas?

Una vez que determines el qué, las siguientes preguntas son: ¿El qué me permite servir y glorificar a Dios? ¿El qué infringe algún mandamiento o principio bíblico? Ya sea un trabajo, un título, un matrimonio, etc., el qué debería permitirte servir y glorificar a Dios y cumplir con los mandamientos bíblicos. Por ejemplo, si consigues un trabajo como cajera en un supermercado, es probable que no haya nada que te impida servir y glorificar a Dios. Sin embargo, atender un bar en un club inmoral definitivamente te impedirá servir y glorificar a Dios. En ese caso, tendrías que cambiar el qué.

Aquí está la conclusión: si el qué te permite servir y

glorificar a Dios, puedes ir al siguiente paso de este filtro. Si no es así, tienes que encontrar un qué mejor.

## El ¿por qué?

El segundo paso para conseguir tus respuestas es preguntarte *por qué*. Ya has establecido el *qué*, así que ahora necesitas descubrir *por qué* lo haces. ¿Por qué quieres ese trabajo? ¿Por qué quieres ir a la universidad? ¿Por qué quieres casarte? Descubrir lo que te motiva en tu corazón es clave aquí. Dios está preocupado tanto por el por qué lo estás haciendo como el qué estás haciendo.

Te alentamos a que examines sinceramente tu corazón y te preguntes por qué quieres hacer lo que haces. ¿Tu motivación se basa en glorificar y honrar a Dios? ¿Tu deseo es servir a los demás?

Cuando se trata del por qué, la pregunta más importante es: ¿Tu motivación se centra en Cristo o en ti?

También se pueden buscar cosas buenas con un corazón egoísta. Por ejemplo, supongamos que quieres ser médica. En sí es algo bueno, pero si tu única motivación para convertirte en médica es que la gente te alabe y te elogie o porque ganarás mucho dinero, entonces es una motivación orgullosa, egocéntrica y no es bíblica.

Sin embargo, si tu motivación para convertirte en médica es servir a otros, compartir el amor de Cristo y alegrar a tus pacientes, entonces es una buena motivación y es bíblica.

En conclusión: si el por qué está centrado en Cristo y basado en honrar a Dios, puedes ir al siguiente paso de este filtro. Si no es así, tienes que reevaluar el por qué.

## El ¿cuándo?

El tercer y último paso para obtener tus respuestas es

preguntarte cuándo. Ya has establecido el qué y el por qué, ahora necesitas determinar si es el momento adecuado. Aquí entra el cuándo.

Ya que la vida se compone de etapas, debes considerar con cuidado el momento de tus decisiones. La mayoría de las personas atravesarán las siguientes tres etapas:

1. La etapa de soltería.
2. La etapa de matrimonio.
3. La etapa con hijos en el hogar.

Cada etapa de la vida en que te encuentres debe tener un papel importante a la hora de tomar decisiones. Lo que haces y por qué lo haces es tan importante como cuándo lo haces. Por ejemplo:

### Etapa 1: La soltería

La etapa de soltería es la más flexible de las tres. Sin la responsabilidad de una familia, una mujer puede invertir gran parte de su tiempo en una variedad de oportunidades fuera del hogar. Si el qué y el por qué pasaron la prueba, la siguiente pregunta es: ¿Es este el cuándo adecuado? En otras palabras, ¿es esta la mejor etapa para perseguir ___________?

### Etapa 2: El matrimonio

Esta etapa trae consigo una nueva responsabilidad que debería reflejar un nuevo conjunto de prioridades. Como vimos anteriormente en este capítulo (así como en los capítulos 5 y 6), Dios ha dado instrucciones específicas a las mujeres casadas de ayudar a sus esposos (Génesis 2:18) y cuidar de sus hogares (Tito 2:5). Esta etapa no es tan flexible como la etapa de soltería. Cuando una mujer casada considera el qué y el por qué, también debe tener muy en cuenta el cuándo. Solo porque algo sea bueno no significa que sea el mejor momento o etapa para hacerlo. Antes de tomar una responsabilidad fuera del hogar (suponiendo que el esposo la apoye), una mujer casada debe primero estar segura de cumplir el rol que Dios le designó como ayuda y ama de casa.

### Etapa 3: Con hijos en el hogar

Esta etapa, por lo general, trae consigo la mayor responsabilidad en el hogar, y es la menos flexible de las tres.

Dios da un gran valor a la maternidad, por eso exhorta a las madres a amar a sus hijos (Tito 2:4) y enseñarles el camino que deben seguir (Proverbios 22:6). Criar a los hijos de manera bíblica es un llamado noble, pero requiere mucho tiempo.

Basadas en las Escrituras, creemos que las madres con hijos en el hogar deben invertir la mayor parte de su tiempo y energía en su crianza y educación. El rol que Dios ha asignado a las madres no fue pensado para que sea transferible. Dicho esto, reconocemos que, debido a circunstancias fuera de su control, algunas madres no pueden dedicar la cantidad de tiempo que les gustaría a las tareas del hogar y la crianza de sus hijos. Sin embargo, cada una de nosotras, en la medida de nuestras capacidades y recursos, debemos esforzarnos por vivir la maternidad bíblica.

Por eso es fundamental considerar el cuándo para esta etapa. Algo bueno en el momento equivocado se convierte en algo incorrecto. Por ejemplo, si una madre con hijos en el hogar recibe una oferta de trabajo que requerirá que pase entre nueve y diez horas al día lejos de sus hijos, es probable que para ella no sea el mejor momento para ese trabajo. Quizás el qué y el por qué están bien, pero el cuándo no es el ideal.

Las dos reconocemos que este filtro no es un proceso fácil de determinar: cada situación es única. También nos damos cuenta de que mucho de lo que estamos diciendo puede ser contracultural. Sin embargo, como mencionamos anteriormente, la feminidad como Dios la define es contracultural. Es radical.

Esperamos que este "filtro del qué, el por qué y el cuándo" sea una herramienta útil para ayudarte a responder tus preguntas difíciles y orientar tu futuro.

## Planifica tu futuro de manera inteligente

A menudo escuchamos a mujeres mayores decir que desearían poder cambiar las decisiones que tomaron en otros momentos de sus vidas. Cuando eran más jóvenes y solteras, fueron tras sus objetivos de vida sin considerar en detalle las posibles etapas futuras. Diez años después, ya casadas, se vieron atrapadas financieramente por los agobiantes préstamos estudiantiles, encerradas en sus trabajos y sin poder dedicar a su esposo e hijos el tiempo que hubieran querido.

De hecho, una mujer llamada Lily se encontró en esta misma situación. Cuando era estudiante universitaria, no se detuvo a pensar qué papel podría tener el matrimonio o la maternidad en su futuro. Pidió varios préstamos estudiantiles, obtuvo títulos avanzados y se dedicó a su carrera. Cuando se casó con su esposo Jeremías, comenzó a darse cuenta del valor del rol de la mujer como ayuda y ama de casa. Después de estar casados durante dos años, quedó embarazada. Lily deseaba quedarse en casa y cumplir su rol tal como Dios lo definió, pero no podía porque la pareja tenía demasiadas deudas. Ella es la primera en admitir que desearía haber planificado de manera más inteligente.

Entonces, ¿cuál es la lección de la historia de Lily? Planifica de manera inteligente para tu futuro. Al mirar atrás, Lily desearía haber tomado un camino menos costoso para obtener sus títulos (es decir, presentar su examen de manera independiente, estudiar en una universidad en línea, asistir a un centro de estudios superiores, etc.). También desearía haber vivido con más moderación durante sus primeros dos años de matrimonio y haber sido más determinada a la hora de ahorrar dinero.

Al igual que Lily, nadie sabe lo que Dios tiene reservado para el futuro. Por lo tanto, es sabio pensar y planificar con inteligencia para cualquier rol que Dios tenga reservado para nosotras más adelante.

## Trabajar con el panorama completo en mente

Ambas oramos para que tu definición de mujer exitosa se esté transformando. Esperamos que estés comprendiendo cómo medir tu éxito según el diseño de Dios.

Como cristianas, nunca debemos separar nuestro trabajo terrenal de nuestro trabajo espiritual. No somos solo mujeres, somos mujeres cristianas, y eso significa que Cristo nos acompaña a todas partes. Nuestras palabras, acciones, ética y disciplina deben reflejar la imagen de Cristo. Ya sea que cambiemos un pañal, dirijamos un estudio bíblico o trabajemos en una oficina, todo lo que hagamos debe ser para la gloria de Dios. Las mujeres más exitosas se esfuerzan activamente por fusionar su trabajo terrenal con su valor eterno.

*Las mujeres más exitosas se esfuerzan activamente por fusionar su trabajo terrenal con su valor eterno.*

La vida en esta tierra es corta, y solo tienes una oportunidad. Qué decides hacer con tu tiempo es una de las decisiones más importantes que puedes tomar.

Oramos para que dejes a un lado tu deseo de recibir los elogios de nuestra cultura y, en cambio, te unas a las filas de mujeres trabajadoras cuyo deseo apasionado es glorificar a Dios. Que todo tu trabajo, desde la tarea más pequeña hasta la más grande, sea un hermoso reflejo del éxito tal como Dios lo define.

CAPÍTULO 10

# GUÍA DE ESTUDIO

## GUÁRDALO EN TU CORAZÓN

*Las mujeres más exitosas se esfuerzan activamente por fusionar su trabajo terrenal con su valor eterno.*

1. En las siguientes líneas, describe en una oración cómo crees que es una mujer exitosa.

_______________

_______________

_______________

2. ¿Quién o qué te ha presionado para convertirte en "alguien"? ¿Cómo respondiste a esa presión?

_______________

_______________

_______________

3. Las mujeres de la Biblia que mencionamos (Rut, Priscila y Lidia) trabajaron duro por dos motivos: (1) para glorificar a Dios y (2) para bendecir y servir a sus familias. A continuación, enumera de qué manera trabajas duro por cada uno de estos motivos:

1. Para glorificar a Dios.

2. Para bendecir y servir a tu familia.

4. ¿Cómo debería tu diseño como mujer afectar tu plan de vida? Escribe un versículo que sustente tu respuesta.

5. ¿Te sientes cómoda con el diseño de Dios para la esposa y madre? Si no es así, tu corazón no está alineado al de Dios. ¿Qué cambios tienes que hacer para valorar esos roles (ahora o en el futuro)?

HAZLO *Hoy*

Abre la Biblia y lee Proverbios 31:10-31. Elige una cualidad que puedas poner en práctica hoy.

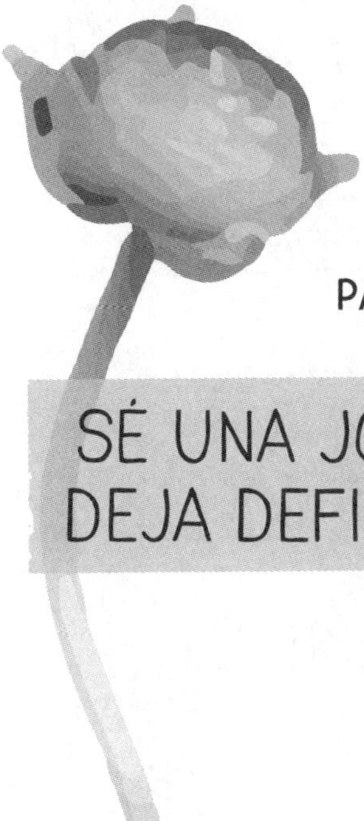

PARTE 4

# SÉ UNA JOVEN QUE SE DEJA DEFINIR POR DIOS

# 11. LA SUFICIENTE VALENTÍA PARA CAMBIAR CÓMO TE VES

Yo (Bethany) eché un vistazo a las direcciones mientras Kristen conducía lentamente por el vecindario desconocido. Estábamos buscando una casa de dos pisos con un frente de ladrillos rojos y una camioneta en la entrada.

—¡Ahí está! Y... ahí estaba. Acabamos de pasarnos —le dije a Kristen mientras pasábamos por nuestro destino.

Dimos marcha atrás y Kristen se detuvo en la entrada. Nos reuníamos con un grupo de mujeres para ir todas juntas a una conferencia en otra ciudad de Texas. Cuando bajamos del auto, comencé a lamentar mi decisión. *¿Por qué acepté viajar a través del estado a una conferencia de mujeres con un grupo de personas que ni siquiera conocía?*, pensé. Empezaba a sentirme incómoda y a desear haberme quedado en casa. No conocía a las oradoras de la conferencia y, sinceramente, no estaba segura de cómo las dos habíamos terminado yendo (más allá de la providencia de Dios, por supuesto).

El viaje a la conferencia fue mucho menos incómodo de lo

que había anticipado. Las mujeres que nos acompañaban eran conversadoras, dulces y súper relajadas. Llegamos a nuestro hotel, nos cambiamos rápidamente y luego nos dimos prisa para llegar al centro de conferencias y poder encontrar asientos.

—¡Vaya! Hay un montón de mujeres aquí. No sabía que iba a ser tan grande —le susurré a Kristen mientras nos sentábamos.

Los días siguientes nos dieron la sensación de que alguien nos había arrojado una bomba. Una muy buena bomba. El tipo de bomba que hace estallar tu pensamiento y te desafía a hacer cambios radicales en tu vida. Por primera vez en nuestras vidas, escuchamos a mujeres expresar sus pensamientos sobre temas como el feminismo y las verdades de la feminidad tal como Dios la define. Ninguna de nosotras había asistido jamás a una conferencia con una enseñanza tan audaz y sin complejos sobre la feminidad bíblica.

*Abrumadas* es la mejor palabra para describir cómo nos sentíamos al final de esa conferencia. Lo que aprendimos fue similar a lo que ya habíamos leído, estudiado y descubierto sobre la feminidad bíblica, solo que de manera reforzada. Era una enseñanza tan poderosa como para transformar la vida de una mujer. No hubo charlas superficiales y huecas dentro de las paredes de esa conferencia. Las oradoras expusieron sin vacilar verdades difíciles de digerir.

Cuando salimos de la conferencia, ambas enfrentamos el mismo dilema. ¿Tomamos estas verdades poderosas e impactantes y las ponemos en acción, o dejamos este nuevo conocimiento solo en nuestras cabezas? Esa simple decisión cambiaría por completo nuestras vidas.

*El conocimiento bíblico sin aplicación es inútil.*

Todo lo que aprendimos en la conferencia no nos haría ningún bien si no hacíamos el esfuerzo de poner la verdad en práctica.

Y esto es exactamente lo que te presenta este capítulo. Comprender la feminidad tal como Dios la define y vivirla son dos cosas totalmente distintas. El conocimiento bíblico sin aplicación es inútil.

Confía en nosotras, sabemos de qué se trata. Aplicar las verdades de la feminidad bíblica no es fácil. Es contracultural. Poco popular. Desafiante. Incómodo. Y está fuera de nuestra inclinación pecaminosa natural. Por eso, la mayoría de las mujeres cristianas nunca transfiere el conocimiento de la cabeza al corazón. Es muy difícil. Requiere demasiado esfuerzo y no recibe los elogios de los demás.

## Di "no" a la mujer débil

Deja a un lado todos tus otros pensamientos y haz como que nosotras dos estamos teniendo una conversación personal contigo. Entendemos de qué se trata esta lucha. Sabemos que poner la verdad en acción es difícil. Hemos estado en ese lugar muchas veces, y aún hoy nos enfrentamos a esa pelea.

Es fácil entusiasmarse con medir el éxito según la Palabra de Dios, hasta que sales y te encuentras cara a cara con mujeres que menosprecian la visión de éxito de Dios. Parece emocionante poner en práctica el amor verdadero en tus relaciones amorosas, hasta que el muchacho con el que estás saliendo no está de acuerdo y te quedas soltera o luchas sola por el amor verdadero. Parece fácil rechazar los pilares de la feminidad falsa, hasta que sientes la presión de la corriente cultural que te empuja en la dirección incorrecta. Es fácil centrarse en el objetivo de Dios para la feminidad bíblica, hasta que miras a tu alrededor y te das cuenta de que eres la única que apunta sus flechas en esa dirección.

> *Una mujer débil abandona la feminidad bíblica cuando la vida se pone difícil.*

La autora y maestra Mary Kassian usa el término *mujer débil*, lo cual ha sido una gran revelación para nosotras. ¿Qué es una mujer débil? Nos alegra que lo hayas preguntado. Una mujer débil abandona la feminidad bíblica cuando la vida se pone difícil. Una mujer débil se rinde cuando se queda sola. Una mujer débil se desmorona cuando la cultura la presiona. Una mujer débil rechaza su rol distintivo como mujer cuando su esposo (o novio, hermano, padre, etc.) no cumple su rol. Una mujer débil no pone en práctica su conocimiento intelectual porque es demasiado difícil.

## La decisión es tuya

Cuando salimos de la conferencia de mujeres, tuvimos que tomar una decisión. Podíamos acobardarnos y seguir con nuestras vidas como si no hubiéramos aprendido nada nuevo, o podíamos enfrentar con valentía estas verdades radicales y ponerlas en práctica en nuestras vidas. No fue fácil, pero Dios nos dio fuerzas para continuar adaptando nuestras vidas conforme a su diseño.

Se requiere una mujer fuerte para reconocer la Palabra de Dios y una mujer aún más fuerte para vivir realmente lo que Él enseña. Solo mujeres valientes. La pregunta es esta: ¿Serás una mujer valiente? ¿Confiarás en la Palabra de Dios y obedecerás fielmente lo que Él enseña sobre la feminidad? ¿Lo seguirás, aunque nadie más lo haga?

Una mujer valiente hace exactamente lo que Kim Wagner describe en su libro *Fierce Women*. Una mujer valiente "toma el borde del manto de la voluntad de Dios y no lo suelta".[1] Eso es lo que se necesita para ser una mujer valiente. Se necesitan agallas, coraje y mucha confianza en Dios. Se necesita estar dispuesta a parecer tonta a los ojos del mundo para parecer sabia a los ojos de Dios. Se necesita perseguir de todo corazón el diseño de Dios.

---

1. Kim Wagner, *Fierce Women: The Power of a Soft Warrior* (Chicago: Moody, 2012), p. 21.

## Valiente

Dios está buscando mujeres que sean *valientes* en la sociedad actual. *Te* retamos a que seas una de esas mujeres. Una de esas pocas que están dispuestas a abandonar el lugar común de la feminidad débil. Nuestra generación necesita mujeres cristianas que estén dispuestas a levantarse y mostrar a la cultura la poderosa influencia que puede ejercer una mujer que se deja definir por Dios.

Vamos a describir las características de la palabra *valiente*. Así es una mujer valiente:

### AUDAZ

Audacia. Esto es algo que yo (Kristen) no tuve cuando estuve sentada en la mesa que describí en el capítulo 10. Tenía miedo de lo que esa doctora pensara de mí. No quería mencionar nada que le diera una mala opinión de mí. Fui débil y me concentré demasiado en su opinión en lugar de la de Dios.

Una mujer audaz no evita las preguntas relacionadas con su feminidad. Una mujer audaz vive confiadamente su diseño como la persona que cultiva relaciones, ayuda y produce vida sin tener que disculparse. Una mujer audaz no tiene miedo de lo que otros puedan pensar de ella.

Lamentablemente, debido a que nuestra cultura da poco valor a esos roles, solía sentirme apenada y avergonzada de admitir mi admiración por esos roles. En vez de expresar audazmente mis verdaderos sentimientos y encontrar seguridad en la Palabra de Dios, a menudo me acobardaba e intentaba complacer a los que me rodeaban.

Cuando se trate de tu diseño como mujer, no te acobardes. No tengas miedo de lo que otros puedan pensar de ti. Acepta las verdades de Dios y exprésalas con seguridad cuando sea el momento adecuado. Sé una mujer audaz que enfrenta al matón de la feminidad falsa. Sé valiente al defender el valor del matrimonio y la maternidad. Sé valiente al defender el recato y la dignidad del cuerpo de una mujer. Sé valiente al declarar tu fe en Jesucristo.

## RADICAL

A menudo se asocia la palabra *radical* con algo extremo o diferente. Es una gran descripción de lo que nosotras, como mujeres cristianas, somos llamadas a ser. Cuando una mujer acepta a Cristo como su Salvador personal, adquiere un propósito radicalmente diferente. Su vida ya no se trata de complacerse a sí misma, sino de vivir para agradar a Dios. Eso, en sí mismo, es radical.

Ser radical no es un concepto nuevo, lo vemos a lo largo de toda la Biblia. Romanos 12:2 deja muy claro que los cristianos deben ser diferentes: "No os conforméis a este siglo, sino transformaos por medio de la renovación de vuestro entendimiento, para que comprobéis cuál sea la buena voluntad de Dios, agradable y perfecta".

Las dos hemos aprendido a estar conformes con llevar una vida radicalmente diferente a la de los que nos rodean. Cuanto más adultas somos, más fácil es. Hemos aprendido a aceptar el hecho de que somos diferentes. Somos diferentes en nuestra manera de hablar, vestirnos, interactuar con los hombres, participar en los medios de comunicación, ver el hogar, vivir las distinciones de género, etc. Somos radicales y estamos contentas con ello.

¿Estás contenta con ser radical? ¿Estás conforme con parecer extrema o diferente a los ojos de los que te rodean?

La próxima vez que te enfrentes a la decisión de seguir el camino de la cultura u obedecer la Palabra de Dios, recuerda la palabra *radical*.

Recuerda que Jesús fue radical durante sus treinta y tres años en la tierra. Él te comprende. Puede identificarse contigo. Si tienes miedo de ser radical, habla con Él. Él puede entenderte más que cualquier ser humano y darte la fuerza para vivir una vida radicalmente diferente.

## ANCLADA

La palabra *anclada* es la descripción perfecta para nuestra amiga Lynn Marie. Ella es una mujer anclada en la Palabra de Dios. La estudia, la memoriza y la cree. Su mente está tan llena de la verdad que puede detectar una mentira a un kilómetro de distancia. No se deja influenciar fácilmente por las presiones de nuestra cultura porque está anclada en la verdad. Lynn Marie es un ejemplo vivo de Salmos 1:1-3:

> Bienaventurado el varón que no anduvo en consejo de malos, ni estuvo en camino de pecadores, ni en silla de escarnecedores se ha sentado; sino que en la ley de Jehová está su delicia, y en su ley medita de día y de noche. Será como árbol plantado junto a corrientes de aguas, que da su fruto en su tiempo, y su hoja no cae; y todo lo que hace, prosperará.

Aunque el salmista usó la palabra *varón* y pronombres masculinos, estos versículos tienen validez para todos los cristianos. Este pasaje es una descripción perfecta de lo que significa estar anclada en la Palabra de Dios. Somos llamadas a ser como un árbol fuerte plantado junto al río.

Si meditas diariamente en la verdad de Dios, no te dejarás influenciar fácilmente. Cuando las tormentas de la vida te golpeen, podrás resistir la presión. Estar anclada en la Palabra de Dios te dará poder para vivir tu feminidad de manera audaz y radical. Si realmente crees que la Palabra de Dios es la máxima autoridad, hazte el hábito de estudiarla. Comprender la verdad de Dios y estar anclada en su Palabra te dará el verdadero poder para vivir la feminidad tal como Dios la define.

## ATENTA

Yo (Kristen) no soy una cazadora apasionada, pero dado que nací y me crie en Texas, lo he hecho una o dos veces. Un día abrasador de Texas, Zack me llevó a cazar. Durante la cacería tuve que estar completamente concentrada. Tuve que estar totalmente en silencio y lista. Tuve que estar 100% alerta en todo momento.

Así es exactamente cómo nosotras, como mujeres cristianas, debemos vivir. ¡En alerta, atentas y listas! Apenas bajamos la guardia, el enemigo, Satanás, ataca. La Biblia dice: "Sed sobrios, y velad; porque vuestro adversario el diablo, como león rugiente, anda alrededor buscando a quien devorar" (1 Pedro 5:8).

La idea de que vivas la feminidad tal como Dios la define enloquece a Satanás. Él odia a Dios y no quiere que seas un reflejo de su imagen. La batalla es real. Debes estar en guardia. Debes estar atenta a los ataques del enemigo.

En nuestra experiencia, los ataques de Satanás fueron furtivos y sutiles. Vinieron a través de los medios de comunicación y la presión de los que nos rodean.

Te alentamos a que te centres en la Palabra de Dios y vigiles con cuidado al enemigo. Vale la pena luchar por tu diseño como mujer.

## EMPODERADA

Cuando yo (Bethany) estaba en séptimo grado, hice algo que sorprendió a todo un gimnasio lleno de gente, incluso a mí misma. Mis hermanos y yo estábamos en un gimnasio abierto, practicando algunos tiros a la canasta con los chicos del vecindario. Aparte de mis hermanas y mi mamá, yo era la única niña en el gimnasio.

Estaba metida en mis asuntos, practicando tiros con una pelota de baloncesto, cuando un niño odioso y más pequeño que yo se acercó y comenzó a exigirme que le diera la pelota. Miré a ese mocoso y le dije: "No, la estoy usando yo".

Con una expresión de sorpresa en su rostro, respondió en voz alta: "¡Esa es mi pelota! Yo la traje y la quiero ahora".

Yo sabía que la pelota era del gimnasio, así que le dije que no. Supongo que no estaba acostumbrado a que le dijeran que no, así que estalló contra mí. Comenzó a gritar y patalear. Incluso arrojó una silla al suelo. Estaba haciendo una gran escena, y todo el gimnasio se detuvo a observar.

En lugar de ceder ante el berrinche de este chico, tiré la pelota al otro lado de la cancha en dirección opuesta a la de él, sonreí y luego me alejé. Los espectadores estallaron en aplausos. Más tarde supe que ese chico era un poco problemático, y los que concurrían habitualmente estaban orgullosos de que no cediera ante su odiosa intimidación. Solo puedo reírme de mí misma ahora. La pequeña niña delgadita y rubia que se enfrenta al chico del baloncesto. ¡Qué espectáculo!

De una manera graciosa, así es exactamente cómo nosotras, como mujeres cristianas, debemos ser. Necesitamos saber la verdad y tener confianza en nuestra feminidad. Cuando el mundo patalee y se enfurezca con nuestra decisión de vivir la feminidad bíblica, podemos sentirnos empoderadas y permanecer firmes. La Palabra de Dios es la máxima autoridad y contiene todo el poder que necesitamos. Cuanto más estudies la verdad y cuanto más entiendas el diseño de Dios, te sentirás más empoderada.

Cuando tus amigos te cuestionen, estarás preparada para defender lo que crees. La verdad te da poder. Con ella tendrás la fuerza para enfrentarte a cualquiera.

## ¿Serás una mujer VALIENTE?

¿Estás lista para unirte a las filas de las mujeres valientes de nuestra generación? ¿Estás lista para poner la verdad en acción y mostrar al mundo la manera correcta de ejercer la feminidad?

Se nos ocurrió una prueba divertida para ayudarte a descubrir cuán valiente eres en verdad. Toma un lápiz y papel o usa tu teléfono para anotar algunos números. Te vas a calificar con respecto a cada característica de la mujer *valiente* en una escala del 1 al 10, en la que 1 es la calificación más baja y 10, la más alta. Al final, calculas el total. ¿Lista? Veamos qué tan valiente eres.

## PRUEBA DE VALENTÍA

### AUDAZ

En una escala del 1 al 10, ¿cuán audaz eres al vivir para la aprobación de Dios y no para la de los que te rodean?

1 _ 2 _ 3 _ 4 _ 5 _ 6 _ 7 _ 8 _ 9 _ 10

1-4 No soy audaz. Me preocupa mucho lo que la gente piensa de mí.
5-7 A veces soy audaz. Quiero vivir para la aprobación de Dios, pero todavía me importa agradar a los que me rodean.
8-10 Muy audaz. Mi prioridad máxima es vivir para la aprobación de Dios.

### RADICAL

En una escala del 1 al 10, ¿cuán dispuesta estás a parecer extrema o diferente a los ojos de los que te rodean?

1 _ 2 _ 3 _ 4 _ 5 _ 6 _ 7 _ 8 _ 9 _ 10

1-4 Casi nunca. Quiero camuflarme. No me gusta sobresalir.
5-7 Ocasionalmente. Si la situación es obviamente incorrecta.
8-10 Casi siempre. Estoy dispuesta a seguir a Cristo sin importar lo extrema que pueda parecer.

### ANCLADA

En una escala del 1 al 10, ¿cuán anclada estás en la Palabra de Dios y comprendes su verdad para la feminidad?

1 _ 2 _ 3 _ 4 _ 5 _ 6 _ 7 _ 8 _ 9 _ 10

1-4 No estoy anclada. No leo la Biblia con regularidad. No comprendo el diseño de Dios para la feminidad.
5-7 A veces sí, a veces no. Leo la Biblia al menos una vez por semana y tengo una comprensión básica de la feminidad bíblica.

8-10 Firmemente anclada. Me esfuerzo por leer mi Biblia todos los días y vivir activamente la feminidad bíblica.

ATENTA

En una escala del 1 al 10, ¿cuán atenta estás para descubrir engaños y mentiras, que se relacionan específicamente con el diseño de Dios para tu feminidad?

1 _ 2 _ 3 _ 4 _ 5 _ 6 _ 7 _ 8 _ 9 _ 10

1-4 Muy distraída. No pienso mucho en las influencias del mundo en mi vida.
5-7 Un poco consciente. Capto las mentiras obvias, pero no estoy pendiente de forma proactiva.
8-10 Muy en guardia. Vigilo atentamente el engaño y las mentiras.

EMPODERADA

En una escala del 1 al 10, ¿cuán empoderada y confiada te sientes al defender la feminidad tal como Dios la define?

1 _ 2 _ 3 _ 4 _ 5 _ 6 _ 7 _ 8 _ 9 _ 10

1-4 Débil e insegura. No soy fuerte cuando se trata de defender la feminidad tal como Dios la define.
5-7 Bastante confiada. Defenderé la verdad siempre que no sea demasiado arriesgado.
8-10 Muy confiada. Gracias a la Palabra de Dios, me siento empoderada para defender la feminidad tal como Dios la define.

¡Muy bien! Una vez que sumes los puntos, toma el total y compáralo con el párrafo que corresponde a continuación para ver cómo te fue.

1-10 Te resulta muy difícil. Deberías examinar profundamente tu vida. Necesitas meterte en la Palabra de Dios y estudiarla, estudiarla y estudiarla. Tómate un tiempo para descubrir la verdad acerca de tu feminidad y conocer más la Biblia.

10-20 Necesitas más confianza. Tienes un buen conocimiento, pero tienes demasiado miedo de vivirlo. Las presiones de la cultura te intimidan y eres demasiado débil para luchar. Quisieras poder aceptar el diseño de Dios, pero no priorizas el estudio de la Palabra. Elige una característica de la mujer *valiente* y hoy mismo comienza a trabajar en esa característica.

20-30 Te va más o menos bien. Deseas vivir la feminidad divina, pero en tu vida prevalece la influencia de la cultura. Rechaza los mensajes que no son bíblicos y comienza a reemplazarlos con la verdad. Evalúa tus hábitos y tus elecciones de amistad en las redes sociales y asegúrate de rodearte de personas y cosas que te impulsen hacia la verdad.

30-40 ¡Así se hace! Lo estás haciendo mejor que la mayoría. Tienes el deseo de poner la verdad en práctica y vivirla, y estamos orgullosas de ti. Quisiéramos alentarte aún más a que sigas creciendo en tu conocimiento de la Palabra de Dios y el estudio de la feminidad bíblica. Cómprate otro libro sobre la feminidad bíblica (*¡Dejadme ser mujer* de Elisabeth Elliot es excelente!). Busca una mentora, comienza un estudio bíblico, sigue aprendiendo. ¡Lo estás haciendo muy bien!

40-50 ¡Lo estás haciendo genial! Tienes un fuerte deseo de servir a Dios, sin importar el costo. No te preocupa ser popular a los ojos de los demás. Te centras en vivir para la gloria de Dios. Te desafiamos a tomar este mensaje de feminidad tal como Dios la define y difundirlo dondequiera que vayas. No te lo guardes. Usa la sabiduría que Dios te dio para desafiar a otras mujeres.

## Subamos el nivel

Se necesitan mujeres valientes como nunca antes. ¿Estarás a la altura del desafío? Es hora de mostrar a la cultura cómo es una mujer de verdad. ¡Con la ayuda de Dios, *podemos hacerlo*!

## CAPÍTULO 11
# GUÍA DE ESTUDIO

### GUÁRDALO EN TU CORAZÓN

*Se requiere una mujer fuerte para reconocer la Palabra de Dios y una mujer aún más fuerte para vivir realmente lo que Él enseña.*

1. Has aprendido mucho en los últimos once capítulos. Marca las dos palabras que mejor describan cómo te sientes:

   - ☐ Abrumada
   - ☐ Entusiasmada
   - ☐ Desanimada
   - ☐ Renovada
   - ☐ Intimidada
   - ☐ Desesperada
   - ☐ Culpable
   - ☐ Animada

   ¿Por qué te sientes así?

   ______________________________

   ______________________________

   ______________________________

2. ¿En qué áreas de tu vida sueles ser una mujer débil? Encierra en un círculo todas las áreas que necesitas fortalecer.

   *Suelo ser una mujer débil...*

   En mi relación amorosa (matrimonio o novio)
   En mi trabajo
   En mis decisiones en las redes sociales
   En mis aplicaciones telefónicas
   Al elegir buenas amistades
   En mis hábitos de fin de semana
   En la iglesia
   En las fiestas a las que asisto
   En cómo me ocupo de mis hijos
   En cuánto leo la Biblia
   En los momentos en que sé que debo decir que no
   Otros____________________________

   Mira las que has encerrado en un círculo. ¿Por qué eres una mujer débil en esas áreas? ¿Qué necesitas cambiar para ser una mujer valiente?

3. ¿Cómo puedes ser una mujer valiente y poner en práctica lo que has aprendido?

   ________________________________________

   ________________________________________

   ________________________________________

4. ¿Cómo te fue en la prueba de valentía? Escribe una manera de poner cada una de las cinco palabras en acción.

AUDAZ ____________________

RADICAL ____________________

ANCLADA ____________________

ATENTA ____________________

EMPODERADA ____________________

HAZLO *Hoy*

Toma una tarjeta y escribe la palabra *valiente* junto con las cinco características de una mujer valiente. Coloca la tarjeta en algún lugar donde la veas siempre.

# 12. UN CAMBIO DE RUMBO

—¡Vaya! ¡Qué guapa te ves!, —yo (Kristen) le dije a Bethany mientras se pavoneaba delante de mí con sus tacones altos.

—Qué sensación tan rara —dijo Bethany, mientras se reía al tratar de hacer equilibrio—. ¡Nunca había usado tacones tan altos! Me siento como si fuera un rascacielos. Ambas nos reímos.

Terminé de ajustar las hebillas de mis tacones altos y luego me puse de pie para desfilar junto a ella.

—¡Qué sensación increíble! —dije mientras pasaba a su lado.

Esta es una escena que recordamos ambas de nuestra época de escuela secundaria. Dado que éramos altas, rara vez usábamos tacones altos. Mejor dicho, *nunca* usábamos tacones altos. Así que un día decidimos comprarnos unos muy altos por pura diversión. Después de practicar cómo caminar, salimos a mostrar nuestras habilidades en la ciudad.

—¡Vamos al centro comercial a dar una vuelta! —dije con entusiasmo.

—Perfecto —respondió Bethany y se puso más maquillaje. Nos subimos al auto y fuimos directamente a nuestro destino.

Después de encontrar un lugar para estacionar, nos pavoneamos con orgullo en el centro comercial. Con las cabezas un poco más elevadas que de costumbre, nos abrimos paso por varias tiendas sin sentir ninguna vergüenza. No estábamos ahí para comprar cosas, buscábamos llamar la atención. Nos sonreíamos mutuamente con satisfacción cuando las personas nos miraban o nos echaban un vistazo.

Nos sentíamos como modelos en una pasarela y, en lo secreto, esperábamos que todos los demás pensaran que también parecíamos modelos. Nuestro medidor de vanidad estaba a punto de estallar. Llamamos la atención y disfrutamos cada momento. En nuestra mente, éramos el centro de atención y lo estábamos disfrutando mucho.

## Vivir para las miradas

No podemos evitar pensar cuán absurdas fuimos ese día en el centro comercial. Felizmente, por la gracia de Dios, hemos madurado mucho desde entonces.

Aunque ya no nos paseamos en tacones altos por el centro comercial, nuestra vanidad y orgullo no han desaparecido. A medida que fuimos madurando, hemos perfeccionado nuestra estrategia en busca de gloria y atención. Vamos a ser totalmente sinceras contigo. Los dos luchamos cada día contra el orgullo y el egoísmo de nuestro corazón. Siempre nos tienta la idea de querer llamar la atención. Batallamos constantemente para dar la gloria a Dios. Luchamos bastante para mantener a Jesús en el centro de nuestros pensamientos.

Lo siguiente prueba lo que estamos diciendo. Hace poco, yo (Bethany) tuve un día muy ocupado con muchas cosas "buenas". Pasé tiempo con mis hermanas pequeñas, ayudé a mi papá en su empresa e incluso trabajé en la escritura de este libro. ¡A los ojos de los que me miraban, parecía una cristiana increíble! Sin embargo, cuando esa noche mi cabeza se apoyó sobre la almohada, de repente me di cuenta de una triste realidad. Todo el día estuve corriendo de aquí para allá sin dedicar un solo segundo a orar, leer la Biblia o incluso mencionar el nombre de Dios. Era una buena cristiana que estaba haciendo cosas buenas. Eso es todo. Sin embargo, sinceramente, no lo estaba haciendo para Dios. Lo estaba haciendo para mí misma. Cumplí con orgullo las ocupaciones del día sin pensar ni un poco en mi Creador.

Las dos tenemos el presentimiento de que no somos las únicas que enfrentan esta lucha. La tendencia a vivir independiente de Dios es una batalla constante del corazón pecaminoso del ser humano. ¿Te identificas? Lamentablemente, como mujeres cristianas, a menudo no nos tomamos un tiempo para desacelerarnos y reconocer este problema. Pasamos semanas, meses e incluso años derramando nuestras vidas en un barril sin fondo. Vivimos para momentos transitorios y pensamos muy poco o casi nada en la eternidad.

*Cumplí con orgullo las ocupaciones del día sin pensar ni un poco en mi Creador.*

La dura realidad es que cuando no vivimos para la gloria y los propósitos de Dios, vivimos en vano. Imagina qué desperdicio sería nuestra vida si pasáramos todos los días dando vueltas en tacones por el centro comercial. Parece obvio, ¿verdad? Bueno, cuando vivimos para algo que no es Cristo, básicamente estamos haciendo lo mismo.

Hasta aquí has leído algunas verdades sorprendentes sobre tu feminidad. Sin embargo, promover la feminidad bíblica no es la razón principal de este libro. Lo escribimos porque nos apasiona la gloria de Dios. Y, dado que nos apasiona la gloria de Dios, nos apasiona todo aquello que Él valora. Y, dado que nos apasionan las cosas que Él valora, nos apasiona la feminidad bíblica. ¿Tiene sentido?

Mientras lees este capítulo, queremos que sepas que las dos estamos en las trincheras contigo. Para nosotras, vivir para la gloria de Dios no es pan comido. Escribimos estas verdades desde nuestro corazón, el cual Dios perfecciona constantemente.

## En realidad, eres una modelo

Cuando aceptaste a Cristo y comenzaste la vida cristiana, toda tu vida tomó un significado completamente nuevo. Te uniste de inmediato a una nueva familia. Te convertiste en una hija adoptiva de un nuevo Padre con nuevos hermanos. Recibiste nuevas reglas familiares. Adquiriste nuevos deseos. Te convertiste en una heredera de un nuevo futuro. Tu adopción cambió todo.

Como resultado de ese gran momento, recibiste una nueva identidad. Ya no eres solo una mujer, eres una mujer *cristiana*. La cultura ya no define tu vida. Dios la define. Ese hecho debería cambiar radicalmente cada aspecto de tu vida. En vez de vivir para mostrarte a ti misma, ahora Dios te llama a mostrar el carácter y la naturaleza de tu Creador.

Efesios 5:1-2 nos instruye: "Sed, pues, imitadores de Dios como hijos amados. Y andad en amor, como también Cristo nos amó, y se entregó a sí mismo por nosotros, ofrenda y sacrificio a Dios en olor fragante".

> *Si haces un excelente trabajo en modelar a Cristo, honrarás a Dios y reflejarás positivamente su imagen.*

¿Entiendes la idea? Eres llamada a *imitar* a Dios como una hija amada. La palabra *imitar* significa "emular o modelar". ¿Comprendes lo que eso significa? ¡Cuando te convertiste en cristiana, también te convertiste en *modelo*! Si alguna vez soñaste con convertirte en modelo, tu sueño se ha hecho realidad. Eres una modelo de Dios.

Entonces, ¿cuál es el trabajo principal y la responsabilidad de una modelo? Piénsalo. Si un diseñador de moda contrata a una modelo, ¿qué espera de ella? Querrá que la modelo haga que su ropa luzca bien, ¿verdad? Y si ella hace un buen trabajo en mostrar la ropa, reflejará bien al diseñador.

¿Ves el paralelismo aquí? Tienes el mismo trabajo. Como cristiana, Dios te llama a modelar la vida de Cristo. Tu objetivo debería ser modelar las mismas acciones, amor y carácter que Cristo manifestó cuando anduvo en esta tierra. Si haces un excelente trabajo en modelar a Cristo, honrarás a Dios y reflejarás positivamente su imagen. Si tu trabajo es mediocre, reflejarás una imagen equivocada y poco atractiva de tu Diseñador a quienes te rodean. Sin embargo, ser modelo no es nada fácil. Hay mucho en juego.

*Entonces, ¿cuál sería el problema?* —te estarás preguntando—. *¿Qué es lo peor que puede pasar si no hago un buen trabajo en modelar a Cristo al mundo?* Hemos luchado con estas mismas preguntas. La segunda mitad de Efesios 5:2 ofrece una idea de por qué es muy importante. Dice: "Y andad en amor, como también Cristo nos amó, y se entregó a sí mismo por nosotros". ¿Leíste bien la última parte? "Se entregó a sí mismo por *nosotros*". Hagámoslo un poco más personal. Escribe tu nombre en el espacio en blanco: "Se entregó a sí mismo por ____________".

Jesucristo, el Rey del universo, vino a esta tierra a sufrir y morir por *nuestros* pecados. Nos amó tanto que estuvo dispuesto a morir por nosotros. Y murió por nosotros para que podamos pasar la eternidad con Él en el cielo.

Por eso debemos vivir apasionadas por modelar fielmente a Cristo. El mensaje del evangelio está en juego por cómo vivimos como mujeres cristianas. Si no mostramos activamente a Cristo, nuestras vidas no reflejarán el evangelio.

> Si no modelamos a Jesús al mundo perdido que nos rodea. ¿quién lo hará?

Este es el problema: si no modelamos a Jesús al mundo perdido que nos rodea, ¿quién lo hará? Cuando damos un paso atrás y vemos el panorama completo, es fácil ver que el evangelio está en riesgo si no vivimos para la gloria de Dios.

## Somos sus representantes

—Esto es realmente incómodo —yo (Bethany) dije mientras

sacaba una aspiradora del asiento trasero del automóvil—. ¡No puedo creer que esté haciendo esto!

—No tienen idea —respondió Kristen mientras miraba hacia la casa.

Kristen y yo descargamos nuestros artículos de limpieza y luego nos dirigimos lentamente hacia la puerta principal.

Tocamos el timbre. Después de treinta segundos, un agradable abuelo abrió la puerta.

—¡Pasen! —dijo con entusiasmo—. ¡Johnny, llegaron las mujeres de la limpieza! —gritó a su nieto.

Kristen me miró y luego las dos sonreímos amistosamente. Estas éramos nosotras que nos estábamos aventurando a salir de nuestra zona de confort. Y bastante.

En ese momento, teníamos unos veinte años y trabajábamos en la empresa de nuestra familia. Cuando nuestros padres se mudaron a San Antonio en la década de 1980, comenzaron una empresa de limpieza de casas como una forma de ganarse la vida. Pues bien, a la empresa le fue estupendamente y ha estado creciendo desde entonces. Kristen y yo hemos trabajado de forma discontinua en la oficina contestando llamadas, en el trabajo en la web y en la capacitación de empleados. Sin embargo, ese día en particular fue diferente. Nos tomaron por sorpresa.

De alguna manera, se había concentrado más trabajo y varios clientes se habían quedado sin la limpieza de sus casas. Intentamos reprogramar sus citas, pero nada funcionó. Solo quedaba una opción: *Kristen y yo*.

Estábamos aterradas porque *nunca* habíamos ido a la casa de alguien a limpiar profesionalmente. Sabíamos cómo capacitar a los empleados... pero salir y hacerlo nosotras mismas era otra cosa. Empacamos un conjunto de artículos de limpieza, nos pusimos una camiseta verde que decía "Servicio de limpieza guantes blancos" y nos dirigimos a la casa del cliente.

Eso nos lleva de vuelta al comienzo de esta historia.

Kristen y yo descargamos nuestros materiales en la casa, hablamos con el cliente durante unos minutos y luego nos pusimos rápidamente a trabajar. Pasamos las siguientes tres horas trabajando en equipo para limpiar a fondo la casa de dos pisos. Digamos que parecíamos mucho más profesionales de lo que nos sentíamos.

Kristen y yo sabíamos que teníamos que hacer un trabajo excelente. Sabíamos que la calidad de nuestro trabajo era un reflejo directo de la empresa familiar. Lo que el cliente pensara de nosotras sería lo que pensara de toda la empresa. Éramos las representantes físicas de toda la compañía.

Felizmente, hicimos un buen trabajo. Eso creemos. El cliente no se quejó cuando terminamos, así que es una buena señal. Ese día marcó el principio y el final de nuestras carreras profesionales en la limpieza.

Contamos esta historia porque es el ejemplo perfecto de cómo funciona la vida real. Como mujeres cristianas, también actuamos como representantes. Nuestras vidas son un reflejo directo de Aquel para quien trabajamos y a quien servimos.

Cuando Cristo ascendió al cielo después de su resurrección, las personas ya no podían observar su vida para ver cómo vivía. Ya no estaba físicamente presente para mostrar al mundo su verdad. Sin embargo, tenía un plan. Puso a sus hijos para que lo representaran. ¡Eso te incluye a ti, mujer! Ahora representamos a Cristo en el mundo. Somos responsables de reflejar una imagen fiel de la "empresa familiar", por así decirlo. Tenemos la responsabilidad de leer la Palabra de Dios y vivir sus verdades.

> *Como mujeres cristianas, también actuamos como representantes.*

En 2 Corintios 5:20-21 leemos: "Así que, somos embajadores en nombre de Cristo, como si Dios rogase por medio de nosotros; os rogamos en nombre de Cristo: Reconciliaos con Dios. Al que no conoció pecado, por nosotros lo hizo pecado, para que nosotros fuésemos hechos justicia de Dios en él".

La palabra *embajador* es clave aquí. Significa "un mensajero o representante autorizado". Cuando comenzaste tu vida cristiana, te uniste a una nueva familia para ser mensajera y representante de Cristo mismo. Tu responsabilidad ahora es representarlo en tu familia, con tus amistades, con tus compañeros de trabajo, en la iglesia y con todos aquellos que te observan. Dios te ha comisionado para que lleves el mensaje del evangelio a dondequiera que vayas (Marcos 16:15).

*Dios te ha comisionado para que lleves el mensaje del evangelio a dondequiera que vayas.*

De hecho, Dios te colocó en tu área de influencia por esa misma razón. No creciste en tu familia por accidente. Los hermanos que tienes no son un error. El esposo y los hijos a quienes sirves son oportunidades para mostrar el amor de Cristo. Independientemente de cuán fáciles o difíciles sean las circunstancias en tu familia, puedes llevar el poder y la esperanza del evangelio a esas áreas.

## Para esta hora

Veamos la historia de Ester en el Antiguo Testamento como un ejemplo de cómo una mujer aprendió rápidamente la importancia de su área de influencia. Ester era una huérfana judía, que vivía bajo el cuidado de su primo Mardoqueo en la tierra de Persia (Ester 2:7). Dado que el rey de la tierra quería una nueva reina, reunió a vírgenes hermosas y jóvenes en su harén real. Ester fue una de las elegidas (v. 8). Probablemente, estaba muerta de miedo cuando los soldados le arrebataron su vida normal y la llevaron al palacio del rey para ser una concubina.

Mientras su futuro se iba desarrollando, se encontró con que era la reina de Persia (v. 17). El rey eligió a Ester por encima de todas las otras vírgenes para que fuera su nueva reina. No sabía que, con su nuevo título, se vería obligada a tomar decisiones extremadamente difíciles. Decisiones que amenazarían su propia existencia.

El oficial del rey de más alto rango y con mayor poder, Amán, estaba conspirando para matar a todos los judíos en toda la tierra (Ester 3:6). Aunque la identidad judía de Ester era un secreto, ella sabía que el complot de Amán significaba la muerte segura para su pueblo... y posiblemente para ella misma.

Mientras luchaba con las circunstancias que amenazaban su vida, tal vez se preguntaba por qué Dios la había puesto en ese lugar (Ester 4:11).

Mardoqueo le recordó el plan más grande de Dios: "Porque si callas absolutamente en este tiempo, respiro y liberación vendrá de alguna otra parte para los judíos; mas tú y la casa de tu padre pereceréis. ¿Y quién sabe si para esta hora has llegado al reino?" (v. 14).

Ester respondió al consejo de Mardoqueo con la petición a todos los judíos de ayunar con ella durante tres días. Después de los tres días, tomó la valiente decisión de arriesgar su vida con la esperanza de salvar al pueblo de Dios (vv. 15-17).

Dios puso a Ester en esta tierra y la comisionó para "esa hora".

Al igual que Ester, Dios te ha colocado en esta tierra en este período de tiempo, en tu país, en tu ciudad *para esta hora*. Dios te seleccionó personalmente para que vinieras a este mundo exactamente para cuando llegaste. No estás aquí por accidente. Estás aquí para una tarea que Dios determinó. Estás donde estás a propósito y con un propósito.

> Estás aquí para una tarea que Dios determinó.

Nosotras (Kristen y Bethany) no conocemos los pormenores de tu vida personal, pero Dios sí los conoce. Quizás ese padre difícil de amar ha sido puesto en tu vida *para esta hora*. Quizás ese hermano difícil ha sido puesto en tu vida para que puedas mostrarle el amor de Cristo. Quizás ese jefe difícil de complacer ha sido puesto en tu vida para que puedas predicarle el evangelio. Quizás has atravesado esos años inesperados de soltería para poder centrarte más en el servicio a Dios. Tus circunstancias pueden ser difíciles, pero si das un paso hacia atrás y ves el panorama completo, es posible que hayas llegado *para esta hora*.

¿Estás dispuesta a servir a Dios en el lugar donde te encuentras? ¿En este mismo momento? ¿Estás dispuesta a llevar el evangelio a tu área de influencia? ¿Estás dispuesta a reflejar la naturaleza de Cristo a través de tu feminidad tal como Dios la define? ¿Estás dispuesta a modelar la feminidad bíblica a una sociedad perdida y confundida?

## Vivir para la eternidad

Una vez, durante un viaje, fuimos a una cafetería llamada Caribou Coffee y ambas advertimos que el eslogan de la compañía decía: "La vida es corta. Mantente despierto". Por supuesto que el eslogan se refería al café y la cafeína, pero, involuntariamente, señalaba una verdad más profunda.

A muchas personas no les gusta pensar en el final de sus vidas. A muchas personas no les gusta pensar en morir, pero la verdad es que la vida es corta. Muy corta. No tenemos tiempo para no pensarlo. Como mujeres cristianas, no podemos cometer el terrible error de dormir toda la vida. Tenemos que vivir despiertas y centradas en los planes y propósitos más grandes que Dios tiene para nosotras. Tenemos que vivir con la eternidad en mente.

Una vez que nuestra vida en esta tierra se termine, no habrá vuelta atrás. Ya no podremos hacer cambios. No podremos rehacer nada. Una vida. Eso es todo lo que tenemos. Cómo vivamos esa vida en la tierra incidirá en cómo pasaremos toda la eternidad.

Cuando muramos, cada una de nosotras estará ante el tribunal de Dios. No para ser juzgadas por nuestra salvación (Cristo ya murió por nosotras), sino por cómo vivimos en esta tierra. Nos pararemos individualmente ante nuestro Creador y daremos cuenta de toda nuestra vida: "Porque todos compareceremos ante el tribunal de Cristo... De manera que cada uno de nosotros dará a Dios cuenta de sí" (Romanos 14:10, 12).

Entonces, Dios nos recompensará por la vida que hayamos vivido para Él: "Porque es necesario que todos nosotros comparezcamos ante el tribunal de Cristo, para que cada uno reciba según lo que haya hecho mientras estaba en el cuerpo, sea bueno o sea malo" (2 Corintios 5:10). Recibirás lo que te "corresponde" según cómo hayas vivido. Tu obediencia a Dios en esta tierra incidirá en cómo pases toda la eternidad.

Si das un paso hacia atrás y ves el panorama completo (eterno), rápidamente te darás cuenta de por qué tu feminidad es tan importante. Solo tienes una oportunidad de hacer las cosas bien. Solo tienes una vida para vivir para Cristo. Cada minuto, hora, día y año que pasa no se puede recuperar. Tus decisiones importan. Por eso nos apasiona tanto el mensaje de la feminidad tal como Dios la define.

Como hemos mencionado a lo largo de este libro, hemos visto que demasiadas mujeres cristianas no son fieles servidoras de Cristo. Hemos visto a demasiadas mujeres cristianas ser víctimas de la feminidad falsa. Hemos visto a demasiadas mujeres cristianas volcar toda su vida en un barril sin fondo. No queremos que esto te suceda. No queremos que nos suceda a nosotras. Ya que nadie puede saber cuándo será su último día en esta tierra, debemos ser intencionales con el tiempo que tenemos. Dios tiene nuestros días contados.

El hecho de que estés leyendo este libro ahora mismo demuestra que Dios no ha terminado contigo. Él tiene trabajo para que hagas en esta tierra. Estás viva en este momento porque Él determinó una tarea para ti que debes cumplir. Quiere usarte de una manera poderosa para mostrar su gloria y su evangelio a todos los que te observan. Quiere usar tu vida como modelo del carácter y la naturaleza de Cristo en tu área de influencia y hacer que las personas cambien de rumbo.

> *Cuando la eternidad llegue, solo importarán las cosas que hiciste por Cristo.*

Eres la representante terrenal de Dios. Estás viva para esta hora. La pregunta es: ¿Obedecerás a Dios? ¿Decidirás vivir para su gloria y no para la tuya? ¿Elegirás su diseño para tu feminidad por sobre las influencias de la cultura secular? ¿Serás valiente?

Cuando la eternidad llegue, solo importarán las cosas que hiciste por Cristo. Todo lo demás desaparecerá. Como C. T. Studd tan sabiamente escribe en este poema:

> Solo una vida, y pronto pasará
> Solo lo que se hace para Cristo durará.
> Y cuando muera, qué feliz seré,
> si la lámpara de mi vida se ha apagado por Él.

Nuestra oración es que cada una de nosotras comprenda y fomente una visión eterna de la vida. Que no perdamos ni un solo día. Que no desperdiciemos una oportunidad. Que hagamos que valga la pena. Que cuando la eternidad llegue y nuestra corta vida en esta tierra se termine, el esfuerzo haya valido la pena.

## CAPÍTULO 12

# GUÍA DE ESTUDIO

### GUÁRDALO EN TU CORAZÓN

*Cuando la eternidad llegue,
solo importarán las cosas
que hiciste por Cristo.*

1. ¿Puedes pensar en un momento específico cuando, con toda intencionalidad, trataste de llamar la atención hacia ti? Si es así, ¿qué fue lo que hiciste?

_______________

_______________

_______________

2. ¿El hecho de que eres una modelo de Cristo incide en la manera en que deseas vivir? ¿Qué cambios necesitas hacer para reflejar una imagen más fiel de Cristo?

_______________

_______________

_______________

3. Estás en tu área de influencia para "esta hora" ¿Qué circunstancias (o personas) difíciles estás enfrentando? ¿Cómo podrías manifestar el amor de Cristo en esa situación?

_______________

_______________

_______________

4. Si tuvieras que interactuar con alguien que todavía no sabe que eres cristiana, ¿tus palabras, acciones y actitudes serían un reflejo evidente de Cristo? ¿Por qué sí o por qué no?

_______________

_______________

_______________

5. Imagínate frente al tribunal de Dios. ¿Cómo crees que serás recompensada según tu vida en la tierra? ¿Qué cambios debes hacer hoy para evitar remordimientos más adelante?

_______________

_______________

_______________

### HAZLO *Hoy*

Escribe tres ideas sobre cómo puedes comenzar a vivir para la eternidad. Pon en práctica una de esas ideas hoy.

PARTE 5

# LA FEMINIDAD POR LA QUE VALE LA PENA LUCHAR

# 13. IMAGINA LAS POSIBILIDADES

Yo (Bethany) eché un vistazo a los estantes de la sala de la señora Méndez y noté que estaban llenos de trofeos.

—¿De qué son esos trofeos? —pregunté, mientras señalaba los estantes.

La señora Méndez miró en mi dirección y dijo:

—Querida, estos son mis trofeos de baile. Fui campeona de *swing* durante diez años seguidos. Deberías haber visto cómo me movía. Solía romper esa pista de baile.

Miró a lo lejos, parecía que estaba soñando despierta.

Rápidamente, tuve la impresión de que sus trofeos eran sus posesiones más preciadas. Parecía como si se aferrara a los recuerdos y a los sentimientos felices que recordaba de esa época de su vida.

—Recuerdo que pasaba las vacaciones compitiendo a nivel nacional. Mis pobres hijos tuvieron que pasar la mayoría de esas vacaciones solos con su papá. Supongo que ese es el precio que se paga por ser campeona. Al final, como puedes ver, gané los trofeos, pero estoy empezando a preguntarme si valió la pena.

La sonrisa de la señora Méndez se desvanecía lentamente mientras terminaba de hablar.

Después de unos minutos más de charla, me puse a trabajar. Estaba en su casa por la empresa de cuidado de ancianos de mi padre. La señora Méndez tenía casi noventa años y necesitaba ayuda regular. Mi trabajo consistía en ayudarla a firmar sus papeles y a sentirse lo más cómoda posible. La reunión pasó volando y, sin darme cuenta, me estaba despidiendo detrás de la ventanilla de mi automóvil.

Varios meses después de ese primer encuentro, escuché a mi papá hablar por teléfono con una de las empleadas de cuidado de ancianos. Le estaba preguntando si estaba disponible para trabajar la víspera de Navidad y el día de Navidad. Al parecer, los hijos de la señora Méndez estaban demasiado ocupados para visitarla. No puedo evitar preguntarme si su ausencia durante la infancia de sus hijos fue la razón de la ausencia de sus hijos en su vejez.

Parecía que la señora Méndez había pasado la mayoría de sus vacaciones sola en su vejez. No había cena con pavo rodeada de su familia. No compartía sus recuerdos favoritos de vacaciones con un pastel recién horneado. No había tradiciones. Nada que esperar o preparar. Solo mirar los mismos especiales sobre vacaciones en la televisión.

¿Te imaginas? ¿Te imaginas pasar sola tus vacaciones?

A Kristen y a mí nos entristece mucho la historia de la señora Méndez. Pasó los mejores años de su vida invirtiendo en cosas temporales que no duraron. "Haceos tesoros en el cielo, donde ni la polilla ni el orín corrompen, y donde ladrones no minan ni hurtan" (Mateo 6:20). Podemos aprender de su historia y comenzar a planificar desde ahora un futuro menos solitario y vacío.

*Imagina lo que podría suceder si vivieras con tu mirada puesta en tu hogar eterno.*

Nuestra oración es que todas las mujeres inviertan sus vidas en algo más grande que coleccionar trofeos. Queremos que imagines las posibilidades de lo que podría ser tu legado. Imagina un final diferente al que la señora Méndez y muchas otras personas están dejando. Imagina lo que podría suceder si vivieras con tu mirada puesta en tu hogar eterno.

Ahora queremos presentarte a tres mujeres que han vivido con un propósito mayor. Tienen historias y legados muy diferentes. Estas mujeres son únicas a su manera, pero cada una está creando un futuro y un legado que perdurará más allá de su hogar terrenal.

## Saluda a la señora Harris

Los pantalones de Cloe de cuero bien ajustados, combinados con su brillante cabello rosado eran su presentación. Cloe era una muchacha mala que intentaba desesperadamente ser buena. Era una mujer perdida y destrozada que buscaba ayuda. Sin una intervención inmediata, la espiral descendente de la vida de Cloe se habría salido completamente de control. Y aquí entra en juego la heroína, la señora Harris.

Cambiemos de escena y conozcamos un poco a nuestro personaje clave.

A una edad temprana, la señora Harris ya estaba felizmente casada. Antes de tener hijos, ella y su esposo convirtieron su hogar en un refugio para mujeres perdidas y destrozadas. Drogadictas, embarazadas o que se fugaron de su casa. ¿Cuál era el objetivo de la señora Harris? Aconsejar, amar y discipular a estas jóvenes. Quería mostrarles, a estas jóvenes heridas, el amor de Dios de una manera real y tangible.

La señora Harris continuó su ministerio de hogar de refugio hasta que quedó embarazada y tuvo su propio bebé. En ese momento, ella y su esposo decidieron cerrar sus puertas a las jóvenes rechazadas. Ambos estuvieron de acuerdo en que invertir su tiempo en la vida de sus propios hijos sería su ministerio principal. En los siguientes treinta años, la señora Harris se dedicó a enseñar y discipular a sus hijos. Los veía como futuros esposos, esposas, padres, madres, líderes y personas de influencia, y quería asegurarse de que tuvieran la mejor base posible.

La señora Harris no se centraba en el aquí y el ahora. Tenía una visión generacional y quería dejar un legado que no se desvaneciera con el tiempo. Quería que su legado reflejara que había invertido en personas y no en cosas.

La señora Harris ahora es viuda y está sola. Según los estándares del mundo, ella debería entrar en una etapa de descanso y relajación a tiempo completo. Ya ha cumplido con los demás y ahora tiene derecho a una vida para "ella sola" con largos paseos por la playa y tareas de jardinería. Aunque parezca muy encantador, eso nunca se le cruzó por la mente.

La señora Harris sabe que está vivita y coleando para un propósito mayor. No quiere desperdiciar ninguna parte de su vida ni perder una sola oportunidad de servir a Dios. Recientemente, decidió reabrir su hogar para jóvenes con dificultades. Y ahí es donde la Cloe de cabello rosado vuelve a escena.

Tenía una visión generacional y quería dejar un legado que no se desvaneciera con el tiempo.

Cloe estaba perdida, confundida y con mucha necesidad de consejos. Entró a una iglesia con la esperanza de que alguien estuviera dispuesto a ayudarla. Ahí conoció a la señora Harris, quien la invitó a vivir con ella. Durante el año y medio siguiente, la señora Harris dedicó su vida a aconsejar, discipular y amar a Cloe. El cambio en la vida de Cloe no fue instantáneo, pero estaba sucediendo. Poco a poco bajó la guardia, cayó de rodillas y clamó a Dios. Su vida estaba siendo transformada delante de los mismos ojos de la señora Harris.

Ni la señora Harris ni Cloe habrían adivinado lo que iba a suceder. Lucio, el sobrino de la señora Harris, estaba comenzando a sentirse profundamente atraído por Cloe. Lucio vio el cambio en el corazón de Cloe a medida que crecía en su relación con Cristo. Pensaba que su transformación espiritual era hermosa. Para resumir, Lucio se enamoró de Cloe y le pidió que fuera su esposa. Lo último que escuchamos fue que tenían cinco hijos hermosos y ambos servían fielmente a Dios.

La señora Harris es un ejemplo de una mujer que usa su vida al máximo. Por la fidelidad y la visión a largo plazo de esta mujer, Cristo ha influenciado y seguirá influenciando a muchas generaciones.

> Todo esto fue posible porque una mujer estuvo dispuesta a servir a Dios.

Solo piensa en la cantidad de jóvenes que ha aconsejado a lo largo de los años. Cada una cambió para mejor debido a su voluntad de cultivar relaciones y producir vida espiritual.

Todo esto fue posible porque una mujer estuvo dispuesta a servir a Dios. Una mujer estuvo dispuesta a vivir con su mirada puesta en la eternidad. Una mujer estuvo dispuesta a ser valiente y a vivir la feminidad bíblica.

### Por qué nos encanta la historia de la señora Harris

La señora Harris era solo una esposa y madre normal, sin embargo, dejó un legado increíble. Muy a menudo, las mujeres cristianas miramos a los grandes héroes de la fe y sentimos que tenemos que hacer algo grande para ejercer influencia. No es verdad. La señora Harris no fue una famosa misionera. No fue una oradora popular ni una autora conocida. Solo fue una mujer común casada con un hombre común con una familia común. Y por estar dispuesta a vivir para los propósitos de Dios, Él la usó para ejercer una influencia extraordinaria en la vida de innumerables personas. La señora Harris dejará un legado que va mucho más allá de lo que pueda imaginar.

Ese es el tipo de legado que las dos queremos dejar, y esperamos que tú también lo quieras.

Hagamos una pausa y viajemos rápidamente al futuro. Imagínate de aquí a veinte años. ¿Qué ves? ¿Te ves como la señora Harris o más como la señora Méndez? ¿Te ves creando un legado que llegará hasta la eternidad?

Nuestra oración es que todas las mujeres cristianas tengan la mentalidad de la señora Harris. Que sean mujeres que inviertan en las personas que las rodean. Mujeres que sirvan a sus familias. Mujeres que vivan bajo la realidad de que este no es su hogar eterno. Nosotras, como seguidoras fieles, somos simples embajadoras de Cristo en nuestro camino al cielo. Si adoptamos esa mentalidad, sin duda dejaremos un legado que perdurará por generaciones.

## Dios restauró el corazón destrozado de Ana

Los gritos aumentaron, seguidos de un plato que se estrelló contra la pared. Ana se tapó los oídos con las manos para no escuchar el horrible sonido. Odiaba cuando su papá trataba así a su madre y sus hermanos. También odiaba cuando ella era el blanco de sus estallidos. Sin embargo, esta era su vida. Era todo lo que conocía.

Ana creció en una familia supuestamente cristiana. Concurrían a la iglesia semanalmente, los niños asistían a una escuela cristiana privada, y parecían tenerlo todo bajo control. Lamentablemente, todo era una fachada. A puertas cerradas, su hogar era todo menos amoroso. El padre de Ana se ponía una máscara de cristiano en público, pero se la quitaba en casa. Sus palabras y sus acciones violentas aterrorizaban a la familia.

Cuando Ana cumplió veinte años, estaba completamente desilusionada con la idea de casarse y crear su propia familia. No quería saber nada de un esposo. Había sufrido una pesadilla real en su niñez y no podía entender por qué Dios había diseñado a los hombres para que fueran los líderes en el matrimonio. Asumió que todos los hombres usaban su fuerza para lastimar a otros y no quería volver a estar en ese lugar. El matrimonio y la maternidad eran un "no" definitivo en su mente.

Ana se acomodó rápidamente en su vida adulta como una mujer soltera independiente. Buscó una iglesia donde asistir y pudo integrarse de inmediato. En los primeros meses, Ana vio que hombres y mujeres piadosos se casaban a la manera de Dios. Vio que los hombres protegían y servían a sus familias. Vio que las esposas ayudaban a sus esposos e invertían en quienes los rodeaban.

Con el tiempo, Dios ablandó el corazón de Ana y le permitió ver la belleza de hacer las cosas según su diseño. Finalmente, se dio cuenta de que su papá no estaba siguiendo el diseño de Dios para la masculinidad y, como resultado, estaba lastimando a los que lo rodeaban.

Asumió que todos los hombres usaban su fuerza para lastimar a otros y no quería volver a estar en ese lugar.

Ana se dio cuenta de que necesitaba hacer cambios radicales en la actitud de su corazón si realmente quería lo mejor de Dios para su vida. No quería que su pasado distorsionara su visión de la verdad o su esperanza para el futuro.

Una noche a finales del verano, Ana se arrodilló y entregó su vida a Dios. Oró y le pidió que le ayudara a valorar lo que Él valora. Le pidió que ablandara su corazón para aceptar su verdad. Confesó su falta de fe en su diseño de la masculinidad y la feminidad, y le pidió que le diera el deseo de vivir la feminidad tal como Dios la define.

A veces, las respuestas a la oración llegan más rápido de lo esperado. Antes que Ana tuviera tiempo para procesar todo lo que Dios estaba haciendo en su vida, el hombre correcto llamó a su puerta.

Después de muchas conversaciones y muchas oraciones, este hombre le pidió a Ana que fuera su esposa. Se casó con Javier, un hermoso día de primavera.

## El poder de una vida recuperada

A pesar de la vida difícil que tuvo, Ana ha podido superar sus miedos y confiar su futuro en las manos de Dios. La Biblia se ha convertido en su norma de la verdad y la fuente de toda sabiduría.

Aunque Ana es joven, ya está formando su legado. Sus decisiones están teniendo una influencia positiva en la vida de su esposo, sus tres hijos, sus amigos y su familia. Su decisión de perdonar a su papá desafía constantemente a sus hermanos menores. La vida de Ana trae montañas de esperanza a cualquier mujer que haya experimentado dolor y sufrimiento. Su vida es un ejemplo de lo que puede suceder cuando una mujer se entrega por completo a Dios.

Es sorprendente cómo las decisiones de una mujer pueden afectar a las generaciones actuales y futuras. Imagina dónde estaría Ana si hubiera decidido rechazar el diseño de Dios y se hubiera aferrado a la amargura. Sin duda, no estaría donde está hoy. Felizmente, eligió el camino opuesto y está creando un legado que no se desvanecerá con el tiempo.

*Es sorprendente cómo las decisiones de una mujer pueden afectar a las generaciones actuales y futuras.*

Desdichadamente, las dos conocemos a muchas mujeres cristianas que se encuentran en situaciones poco ideales. Ya sea abuso físico o verbal, un padre o esposo ausente, o un divorcio, no podemos negar que las mujeres cristianas enfrentan dificultades. Si te encuentras en una situación dolorosa o has salido de una, queremos que sepas que nos afligimos contigo. Lamentamos que hayas tenido que sufrir debido a las decisiones pecaminosas de otras personas.

Nuestra oración es que, cuando leas la historia de Ana, encuentres esperanza para tu futuro. Queremos que sepas que, por la gracia de Dios, es posible tener un legado con propósito y que honre a Dios. Si estás dispuesta a elegir el perdón y confiar en que el diseño de Dios es realmente mejor, también puedes recuperar la vida que Dios te ha dado.

Para guiarte en este proceso, hemos incluido una oración en el próximo capítulo que te ayudará a entregar tu vida a Dios (ver página 228).

## La decisión de Sara de entregárselo a Dios

Sara estaba harta de los hombres y estaba harta de cómo se enamoraba cada vez que le dedicaban atención. Su vida consistía en cómo captar la atención del próximo muchacho. Y eso la estaba desgastando hasta los huesos. Después de otra importante ruptura y una sesión de sollozos en la almohada, Sara tocó fondo. ¿Así sería siempre su vida? ¿Yendo de muchacho en muchacho? Seguramente, Dios tenía un mejor plan.

En un momento de quebrantamiento y desesperación, desempolvó un libro que tenía cerca y echó un vistazo a una página. La cita en la parte superior de la página decía: "Dios siempre da lo mejor a aquellos que le entregan la decisión a Él".[1]

Comenzó a llorar cuando se dio cuenta lo lejos que estaba de esa verdad. No le estaba entregando la decisión a Dios. Estaba haciendo todo lo posible para controlar su vida, con las riendas firmes en sus manos. Ese día marcó un punto de inflexión en su vida. Esa noche se comprometió delante de Dios a entregarle las riendas y a vivir para sus propósitos, y no los suyos. Ya no iba a perseguir a los muchachos. Ya no iba a vivir el momento. Ya no iba a desperdiciar las preciosas horas y días que Dios le daba. Quería lo mejor de Dios para su vida y sabía que tendría que rendirse por completo a Él para que eso sucediera.

Quería lo mejor de Dios para su vida y sabía que tendría que rendirse por completo a Él para que eso sucediera.

Sara tiene ahora veintinueve años. Su vida ha dado un drástico giro en los últimos diez años y no se parece en absoluto a lo que ella imaginaba cuando era más joven. Dios tenía en mente un plan muy distinto (pero muy bueno) para Sara. Porque estuvo dispuesta a confiar su futuro en las manos de Dios, Él la ha usado de manera sorprendente. Una de las oportunidades más emocionantes llegó cuando menos lo esperaba. Estas oportunidades no estaban en su radar, pero definitivamente estaban en el de Dios. La había estado preparando "para esta hora".

1. Jim Elliot, *The Journals of Jim Elliot*, ed. Elisabeth Elliot (Grand Rapids: Revell, 1978).

Era un caluroso día de verano cuando recibió la llamada.

—Hola, mi nombre es Jane Sanders, y escuché sobre ti por una amiga en común. Sé que no sabes quién soy, pero tengo algo que realmente me gustaría conversar contigo.

Sara estaba intrigada y dijo:

—Sí, me encantaría oírla.

Jane continuó.

—He trabajado en una conocida editorial por varios años. Siempre estoy buscando nuevos autores e ideas para los libros. Me intriga tu vida como soltera y me encantaría conversar sobre los detalles para publicar tu historia en forma de libro. ¿Te interesaría?

Sara estaba anonadada, sorprendida y totalmente interesada. Siempre le había gustado escribir, pero nunca había considerado publicar un libro. Se tomó un tiempo para orar y rápidamente se convenció de que era una oportunidad que venía directamente de la mano de Dios.

Solo unos días después de aceptar de forma verbal la posibilidad de escribir el libro, recibió el contrato oficial por correo.

El libro de Sara ya está publicado y en tiendas de todo el mundo. Debido a su libro, Dios le ha brindado decenas de oportunidades de viajar y hablar con grupos de mujeres jóvenes. La fidelidad de Sara como mujer soltera ha inspirado a muchas jóvenes cristianas a entregar su futuro a Dios y usar sus años de soltería para servirle.

Sara no sabía que su simple decisión de entregarle la decisión a Dios le traería propósito y satisfacción. No sabía que la obra de Dios iba a ser tan evidente en su vida.

Hasta el día de hoy, Sara no sabe si alguna vez se casará. Tampoco está segura si publicará más libros. Sus planes futuros son inciertos, pero su objetivo está firme. Desea vivir al máximo mientras ejerce influencia a quienes la rodean. Está decidida a dejar un legado eterno de la manera que Dios considere conveniente para ella. Está dispuesta a hacer lo que Dios le pida "para esta hora".

Este es un reconocimiento para todas las jóvenes solteras.

Recibe consuelo y esperanza con la historia de Sara. No tienes que estar casada para crear un legado duradero. Sara tiene casi treinta años, es soltera y está creando un legado que perdurará. Dios también usará tu vida si estás dispuesta a hacer lo que Sara hizo: entregar la decisión a Dios. Él traerá oportunidades que ni siquiera sabías que existían.

No tienes que estar casada para crear un legado duradero.

Te desafiamos a escribir esta cita y hacerla realidad en ti: "Dios siempre da lo mejor a aquellos que le entregan la decisión a Él".

Únete a Sara, que ese sea también el clamor de tu corazón. Entrégale la decisión a Dios y observa cómo se comienza a formar tu legado.

## Tu legado comienza ahora

Las tres mujeres que acabas de leer nos han inspirado a actuar y vivir como embajadoras de Cristo. Esperamos que hayan hecho lo mismo en ti.

Es hora de empezar a configurar tu futuro para el éxito y a hacer los cambios necesarios hoy. No esperes llegar a la próxima etapa de la vida para comenzar a crear tu legado. Si Dios puede usar una viuda, una joven madre y una joven soltera, imagina cómo podría usarte a ti.

CAPÍTULO 13

# GUÍA DE ESTUDIO

## GUÁRDALO EN TU CORAZÓN

*Hoy estás creando el legado de tu futuro a través de las personas a las que sirves, las decisiones que tomas y la forma en que inviertes tu tiempo.*

1. ¿Tu manera de vivir hoy producirá resultados más parecidos a los de la señora Méndez o a los de la señora Harris? ¿Por qué?

______________________________

______________________________

______________________________

2. ¿Qué hay en tu lista de tareas para cada día? Escribe rápidamente las diez cosas principales que consumen la mayor parte de tu tiempo cada semana:

    1. ______________________________
    2. ______________________________
    3. ______________________________
    4. ______________________________
    5. ______________________________
    6. ______________________________
    7. ______________________________

8. ______________________________

9. ______________________________

10. ______________________________

Ahora echa un vistazo a tu lista y encierra en un círculo solo las cosas que dejarán un legado duradero.

3. Al igual que Ana, ¿hay personas en tu vida a las que necesites perdonar? ¿Estás permitiendo que los pecados de esas personas te impidan crear un legado que honre a Dios?

______________________________

______________________________

______________________________

4. ¿Cuáles son las mujeres que te rodean que puedes admirar como ejemplos de cómo dejar un legado? ¿Qué te inspira de sus vidas?

______________________________

______________________________

______________________________

5. "Dios siempre da lo mejor a aquellos que le entregan la decisión a Él".

   Al igual que Sara, ¿hay algo en tu vida que necesitas dejar en las manos de Dios? ¿Qué es? ¿Qué te impide entregar esa área a Dios?

______________________________

______________________________

______________________________

______________________________

HAZLO *Hoy*

Escribe dos o tres oraciones que describan el legado que quieres dejar (por ejemplo: "Quiero que me recuerden por ser una mujer que...").

# 14. ¡COMENCEMOS LA HERMANDAD!

Nuestro papá estaba parado en la sala familiar con una mirada seria en su rostro. Había convocado una reunión bien temprano, y las dos, junto con nuestros otros cinco hermanos, nos reunimos con cierto nerviosismo. Cada vez que nuestro padre nos reunía, suponíamos que era para hablar de algo malo que habíamos hecho.

—Los reuní para hablar sobre algo muy importante. He estado pensando en esto durante bastante tiempo y solo quería que lo supieran.

Con una sonrisa en las comisuras de sus labios, dijo:

—¡Cuando llegue el verano, tendrán ustedes [inserta una pausa dramática] un nuevo hermano!

Él y nuestra madre sonrieron al observar nuestras caras entusiasmadas y sorprendidas.

—¡Sí! ¡Qué genial! ¡No puedo esperar más! —yo (Bethany) grité con entusiasmo cuando escuché la noticia.

—No puedo creer que lo hayan mantenido en secreto durante tanto tiempo. ¿Podemos saber si es un niño o niña? —preguntó Kristen.

¡Nuestros padres respondieron con un rotundo no! Toda la familia iba a tener que esperar hasta que naciera el bebé para saber si íbamos a tener más “poder femenino” o más “poder masculino”.

*Si era una niña, nuestro hogar se convertiría en una casa llena de estrógenos.*

En ese momento, nosotras (Bethany y Kristen) estábamos en los primeros años de la escuela secundaria, y las mujeres ganábamos por uno. Los varones apoyaban ansiosamente la llegada de un niño para igualar la balanza. Si el deseo de los varones se hacía realidad, finalmente estaríamos empatados. Cuatro niños y cuatro niñas. Si era una niña, nuestro hogar se convertiría en una casa llena de estrógenos.

Cuando finalmente llegó el día tan esperado, todos nos reunimos ansiosamente en la sala de estar y esperamos y esperamos y esperamos. Los bebés nunca parecen tener prisa.

Ah, y ¿mencionamos que nuestra madre era una profesional del parto? Dio a luz a sus hijos en casa, empezando conmigo (Bethany). Y este bebé no fue la excepción.

Después de lo que pareció una eternidad, pudimos escuchar el llanto del bebé. El llanto fue seguido rápidamente por un fuerte grito de parte de nuestro padre: “¡Es una niña!”. Eran las palabras que habíamos estado esperando. Los varones (Michael, Stephen y Timothy) se miraron entre ellos y dijeron:

—¡Oh, cielos! ¡Nos van a invadir los estrógenos!

Las mujeres (Ellissa, Rebekah y nosotras dos) intercambiamos miradas felices como si dijéramos: “Sí. Ahora las mujeres gobiernan la casa”.

Cuando la balanza se inclinó hacia el lado de las mujeres, nuestra nueva hermana, Suzanna, se aseguró de que estuviera bien inclinada. Con los años ha demostrado ser la más femenina de todas. Le encanta el color rosa, los brillos y todas las cosas de tul. Ha estado a la altura de su título de “niña” sin ningún tipo de vergüenza.

Crecer en una familia de cinco mujeres, además de nuestra

madre y todas nuestras mascotas hembras, ha sido toda una aventura. Las dos amamos a cada una de nuestras hermanas y hemos creado un vínculo que durará para siempre. Somos hermanas de nacimiento y también somos hermanas en Cristo. Nada se compara a esto.

Los beneficios de estar en una hermandad no tienen precio. El apoyo emocional (que mucho necesitamos) y el aliento espiritual nos han acercado increíblemente.

Las hermanas son como las mejores amigas de las que no te puedes deshacer. Están a tu lado para reír contigo, llorar contigo y, a veces, reírse de ti. Son compañeras de equipo que Dios nos da, y no las cambiaríamos por nada en el mundo.

## Comencemos la hermandad

¿Podemos escuchar un "amén" de parte de todas las hermanas allí afuera? Estamos hablándote directamente a ti. Sí, y a todas las hermanas en Cristo en todo el mundo. Puede que no estemos unidas por nacimiento, pero estamos unidas a través de la sangre de Cristo. Nosotras, como mujeres cristianas, vamos a pasar la eternidad juntas con nuestro Padre en el cielo. Sinceramente, podemos decir que seremos hermanas para siempre.

*Cuando las fuerzas poderosas ataquen la feminidad tal como Dios la define, nuestra hermandad permanecerá como un cordón de varios dobleces.*

Seamos realistas por un momento. Vivir lo que hemos escrito en este libro no es fácil. Necesitamos el apoyo y la fortaleza de unas por otras. Y para eso sirve la hermandad. La hermandad es el arma secreta para el éxito de la mujer cristiana. Si nos unimos y luchamos unas por otras, haremos avanzar el reino de Dios y nos fortaleceremos para vivir la feminidad bíblica por mucho tiempo.

Cuando las fuerzas poderosas ataquen la feminidad tal como Dios la define, nuestra hermandad permanecerá como un cordón de varios dobleces. No nos debilitarán. No nos romperán. Nos estirarán, pero no nos destruirán.

Dios describe los beneficios de la hermandad de manera perfecta. Esto es lo que dice (aunque este versículo usa pronombres masculinos, podemos aplicar estas verdades a nuestra propia vida):

> Mejores son dos que uno; porque tienen mejor paga de su trabajo. Porque si cayeren, el uno levantará a su compañero; pero ¡ay del solo! que cuando cayere, no habrá segundo que lo levante. También si dos durmieren juntos, se calentarán mutuamente; mas ¿cómo se calentará uno solo? Y si alguno prevaleciere contra uno, dos le resistirán; y cordón de tres dobleces no se rompe pronto (Eclesiastés 4:9-12).

Ese es el mantra de la hermandad. Si una cae, la otra estará allí para levantarla. Si una tiene frío, la otra estará allí para darle calor. Si atacan a una, la otra estará allí para ayudarla a luchar.

"¡Ay del solo! que cuando cayere, no habrá segundo que lo levante". No te quedes sola. No intentes vivir la feminidad tú sola. Únete a la hermandad y encuentra fuerza en la unión.

Lamentablemente, muchas mujeres te quieren en su equipo, pero no se comprometen a hacer las cosas como Dios quiere. Te empujarán y te arrastrarán en las direcciones equivocadas. No te desafiarán espiritualmente y no te fortalecerán. Por el contrario, su hermandad te debilitará.

Queremos que sepas que la verdadera hermandad de las mujeres cristianas no te desanimará. La hermandad a la que pertenecemos no se basa en ideas hechas por el hombre. Esta hermandad se basa en los fundamentos de la Palabra de Dios y está formada por mujeres que dependen desesperadamente de Dios para obtener valor y fortaleza.

La verdadera hermandad se une por la feminidad bíblica.

Nosotras (Kristen y Bethany) estamos aquí para ser tus hermanas. Estamos aquí para alentarte, levantarte espiritualmente y darte valor para luchar por la verdad.

### El poder de una mujer

—¡No vas a creer esto! —le dije (Kristen) a Bethany cuando nos sentamos en mi mesa de desayuno.

—¿Qué pasa? —preguntó, levantando la vista de su computadora portátil.

—¡Acabamos de recibir un correo electrónico de parte de una empresa editorial y están interesados en publicar un libro de nosotras! —respondí totalmente asombrada.

—¿Qué? —preguntó con la boca abierta.

Ese fue el comienzo del libro que ahora tienes en tus manos. Las dos habíamos iniciado el ministerio GirlDefined hacía apenas ocho meses antes de que llegara ese correo electrónico.

Nuestra experiencia personal con nuestro ministerio nos ha ayudado a comprender algunas verdades asombrosas acerca de Dios. La mayor lección que hemos aprendido es que Dios no necesita un ejército para hacer su obra; solo necesita algunos seguidores fieles.

> *Dios no necesita un ejército para hacer su obra; solo necesita algunos seguidores fieles.*

Cuando comenzamos con el ministerio, teníamos muy poco dinero, muy poca experiencia y muy poco conocimiento de la web. Confiamos en Dios y le entregamos los resultados a Él. ¡Y nos sorprendió!

En menos de un año después del lanzamiento, se abrieron puertas de oportunidades inimaginables. Dios multiplicó nuestros pocos esfuerzos. Nuestros "cinco panes y dos peces" se convirtieron en decenas. Un año después del lanzamiento, conseguimos el acuerdo de publicación para este libro, volamos varias veces a lo largo del país para diferentes conferencias, publicamos nuestro contenido para grandes tiendas cristianas, recibimos cientos de correos electrónicos de jóvenes de todo el mundo, y nuestras publicaciones en el blog se tradujeron a más de una docena de idiomas.

Nuestros ojos vieron como nunca la grandeza de Dios. Él no está buscando a las más inteligentes, las más bonitas, las más geniales o las más ricas, sino a las que están dispuestas. Está buscando a las fieles. Está buscando pequeños grupos de personas que estén listas a servirle (Juan 14:12). Nosotras (Kristen y Bethany) no te contamos estas cosas para presumir, sino para mostrarte lo asombroso que es Dios. Si Él está dispuesto a usar a dos muchachas normales de Texas, está dispuesto a usarte a *ti*. Dios se especializa en la minoría.

La Biblia está llena de ejemplos de cómo Dios usó a personas desconocidas para lograr grandes cosas. Piensa en Ester. Dios la usó para salvar a miles de judíos (Ester 8:1-17). Piensa en Rahab, una mujer que iba por mal camino, pero que luego hizo el bien. Dios la colocó en el linaje de Cristo (Mateo 1:5). Piensa en María. Dios usó a una adolescente para traer al Salvador del mundo a esta tierra (Lucas 1:30-33). Eran mujeres normales. Eran jóvenes como tú. Como nosotras. Dios no las usó porque eran extraordinarias. Las usó porque fueron obedientes en sus corazones.

*Cuando una mujer está dispuesta a obedecer a Dios, los resultados pueden ser trascendentales.*

Cuando una mujer está dispuesta a obedecer a Dios, los resultados pueden ser trascendentales. Puede transformar las generaciones para siempre. Puede influenciar vidas para toda la eternidad.

En una cultura donde la mayoría de las mujeres se rebela contra el diseño de Dios, Dios está buscando a las que permanecerán fieles. Está buscando a las que irán contra la corriente y obedecerán su Palabra. Segunda de Crónicas 16:9 declara: "Porque los ojos de Jehová contemplan toda la tierra, para mostrar su poder a favor de los que tienen corazón perfecto para con él".

Dios te contempla. Nos contempla. Está buscando en toda la tierra cualquier mujer que esté dispuesta a servirle. El hacer grandes cosas para Dios comienza hoy. Comienza justo aquí, en nuestra pequeña hermandad. Dios te usará de una manera poderosa si estás dispuesta a ser obediente.

## ¿Te unirás a la hermandad?

¿Alguna vez has saltado de un acantilado? Nosotras sí. Bueno, era más bien un pequeño acantilado. En realidad, era un acantilado diminuto; pero, aun así, saltamos para zambullirnos en las refrescantes aguas de allí abajo.

Siempre llega el momento de la verdad, ¿no es cierto? Esos diez segundos de miedo cuando te paras en el borde y miras el agua. Sabes de lo que estamos hablando, ¿verdad? Todos comienzan a presionarte desde atrás, y te gritan: "¡Salta, salta!". Tus rodillas comienzan a temblar cuando te das cuenta de que no hay vuelta atrás. Para no quedar como una débil, tienes que saltar. Aguantas la respiración y das un salto de fe. Luego, ¡el chapoteo en el agua! Todos aplauden desde arriba. ¡Lo hiciste! Y valió la pena.

Cuando termines de leer este libro, será como si estuvieras parada en la cima del acantilado. Has recorrido un largo camino para llegar hasta aquí, y ahora estás en la cima. Miras el agua y te preguntas si deberías dar el salto. Las dos estamos detrás de ti para animarte y decirte: "¡Salta, salta!". Queremos que des ese salto de fe y te unas a la hermandad.

Seguir el plan de Dios para la feminidad puede parecer aterrador al principio. De hecho, dar ese primer salto es siempre el más difícil. Requiere la mayor fe. Sin embargo, no estás haciendo esto sola. Dios te ayudará en cada paso del camino. Te animaremos con nuestras oraciones.

Si estás lista para dar ese salto y unirte a la hermandad de la feminidad tal como Dios la define, tenemos un desafío para ti. Lee el siguiente "Desafío para las chicas definidas por Dios" y marca todas las casillas de las cosas con las que te comprometes.

## DESAFÍO PARA LAS CHICAS DEFINIDAS POR DIOS

*Me comprometo a convertirme en…*

- ☐ Una mujer fuerte que permite que la Palabra de Dios defina mi propósito en la vida.
- ☐ Una mujer que vive con valentía el diseño de Dios para mi rol de género.
- ☐ Una mujer que se compromete a mostrar la feminidad bíblica a través de mis palabras, acciones y elección de ropa.
- ☐ Una mujer que prioriza ayudar a los demás, producir vida y cultivar relaciones.
- ☐ Una mujer cuyo valor y dignidad no se encuentra en mi apariencia exterior, sino en mi relación con Dios.
- ☐ Una mujer conocida por mostrar un amor *ágape* genuino en mis relaciones amorosas.
- ☐ Una mujer que trabaja duro en todo lo que hago con el propósito de servir a los demás y glorificar a Dios.
- ☐ Una mujer VALIENTE.
- ☐ Una mujer que vive la vida con la mirada puesta en la eternidad.
- ☐ Una mujer que dejará un legado piadoso a muchas generaciones venideras.

Dios le preguntó al profeta Isaías: "¿A quién enviaré, y quién irá por nosotros? Entonces respondí yo: Heme aquí, envíame a mí" (Isaías 6:8). Oramos para que seas una mujer en el siglo XXI que responda lo mismo: "Heme aquí, envíame a mí". Dios desea hacer cosas poderosas a través de tu vida para su gloria. Dios desea multiplicar tus escasos panes y peces para convertirlos en algo extraordinario.

Oramos para que te unas a la hermandad mientras le decimos humildemente a Dios: "Henos aquí, envíanos a nosotras".

## Un buen final

Todo buen cuento de hadas comienza con tres pequeñas palabras: "Había una vez...". Cuando nosotras, como mujeres, escuchamos esas palabras, nos entusiasmamos. Nos encanta un buen cuento de hadas. Comenzar bien una historia es importante, pero no tan importante como su final. Un buen final completa toda la historia.

En este momento, estás en medio de tu historia. Puedes mirar hacia atrás y ver el comienzo. Puedes ver cómo es tu historia hoy. Lo único que no puedes ver es cómo va a terminar. Aunque no sepas exactamente cómo terminará tu historia, ya escuchaste cuál es el mejor final. Ya escuchaste las palabras clave finales.

Así como los cuentos de hadas siempre comienzan con tres palabras clave, la historia de tu vida debería terminar con cinco palabras clave. ¿Sabes cuáles son? Estas cinco palabras finales deberían ser el objetivo de la vida de todo cristiano: "*Bien, buen siervo y fiel*" (Mateo 25:23). Como mujer cristiana, debes vivir toda tu vida con el propósito de escuchar esas últimas cinco palabras.

Tu historia se está escribiendo en este preciso momento. Las decisiones que tomes hoy afectarán el final. Al principio de este libro explicamos la trágica historia de la vida de Marilyn Monroe. Sus decisiones como adulta no hicieron que su vida terminara bien. Si deseas un mejor resultado para tu historia como mujer, debes elegir un mejor camino. Si quieres que tu historia tenga un buen final, debes decidir vivir de acuerdo con el diseño de Dios. Honrarlo con tu vida. Reflejarlo a través de tu feminidad. Valorarlo con tus palabras. Alabarlo con tus acciones. Entregarle tu voluntad.

¡Estamos muy agradecidas de que hayas emprendido este viaje con nosotras! Ahora que llegamos al final, queremos dejarte una poderosa oración de entrega. Esta oración es constante en nuestras vidas. Te alentamos a que escribas esta oración y que la hagas regularmente.

*Querido Padre celestial:*

*Gracias por el increíble diseño de mi feminidad. Gracias por formarme en el vientre de mi madre y por traerme a este mundo cuando lo decidiste. Sé que estoy aquí para una tarea que has determinado. Someto mi vida, mis objetivos y mis planes a tu diseño. Te entrego mi voluntad. Te ruego que me des coraje para ser una mujer valiente en estos días modernos. Dame la fuerza para reflejar tu carácter en cada área de mi vida. Te amo y me siento honrada de que me llames tu hija. Ayúdame a vivir de tal manera que un día te escuche decir: "Bien, buena sierva y fiel". Amén.*

Nunca pierdas de vista lo que realmente importa en esta vida. Nunca subestimes el poder que una mujer puede tener. Nunca te canses de reflejar a Cristo a través de tu feminidad.

Nuestro mundo necesita desesperadamente ver mujeres cristianas que tengan agallas y estén dispuestas a decir "no" al mal y "sí" a la justicia. ¿Serás una mujer que se deja definir por Dios?

CAPÍTULO 14

# GUÍA DE ESTUDIO

## GUÁRDALO EN TU CORAZÓN

*Nuestro mundo necesita desesperadamente ver mujeres cristianas que tengan agallas y estén dispuestas a decir "no" al mal y "sí" a la justicia.*

1. ¿Hay mujeres en tu ciudad que puedan formar parte de tu hermandad local? Si es así, ¿cómo pueden alentarse, desafiarse y orar unas por otras regularmente?

2. En este capítulo leíste Eclesiastés 4:9-12. Con tus propias palabras, describe la importancia de no vivir sola la vida cristiana.

3. ¿Qué efecto ha tenido este libro en tu visión de la feminidad? ¿Qué es lo más poderoso que has aprendido?

---

---

---

4. ¿Vives con el propósito de escuchar: "Bien, buena sierva y fiel"? ¿Por qué crees que es importante algún día escuchar estas últimas palabras?

---

---

---

5. Si los sabios conceptos de este libro te han ayudado, ¡no te lo guardes para ti! ¿Conoces a alguna amiga que necesita escuchar el mensaje de la feminidad bíblica? Si es así, te desafiamos a hacer una de las siguientes cosas:

   - Cómprale este libro y explícale cómo te ha inspirado.
   - Invítala a leerlo contigo y a conversar sobre él.

### HAZLO *Hoy*

¿Te comprometes a vivir activamente los diez puntos del Desafío para chicas definidas por Dios? Si es así, te invitamos a unirte a la hermandad y firmar tu nombre en el espacio abajo.

# AGRADECIMIENTOS

A nosotras (Kristen y Bethany) nos encanta leer libros. Cuando éramos adolescentes, devorábamos cada libro cristiano que podíamos conseguir. Cuando cumplimos veinte años, la idea de escribir un libro propio lentamente se filtró en nuestra mente. Comenzamos a tomar algunas notas y a barajar algunas ideas. Sin embargo, Dios sabía que no estábamos listas. En vez de abrirnos puertas de oportunidades de inmediato, nos hizo atravesar cinco largos años de entrenamiento. Llenamos nuestras computadoras con decenas de miles de palabras. Luego borramos esas palabras y comenzamos de nuevo. Luego borramos esas palabras y comenzamos de nuevo *otra vez*. Escribimos y reescribimos nuestras ideas hasta que Dios supo que estábamos listas. Cuando fue el momento adecuado, nos abrió puertas de oportunidades que nunca hubiéramos imaginado. Con el apoyo, las oraciones, el aliento y las galletas con chispas de chocolate de nuestra familia y amigos, las dos nos aventuramos a escribir este libro. La experiencia fue dura (como tirarte fuerte de los pelos), ¡pero Dios nos ayudó a cruzar la línea de meta! Y estamos muy agradecidas. Únete a nosotras para aplaudir a quienes ayudaron a que este libro se hiciera realidad.

Dios... gracias por darnos la Biblia, nuestra guía máxima en la vida, nuestro mayor recurso y el fundamento para las páginas de este libro. Gracias por darnos a tu Hijo, nuestro Salvador, la razón por la que tenemos esperanza, propósito y gozo en esta tierra.

Papá y mamá… nuestro apoyo de toda la vida y la razón por la que existe este libro. Sin su amor, ayuda, sabiduría y constante aliento, nos hubiéramos rendido hace años. Gracias por creer siempre en nosotras.

Zack… nuestro hombre todo terreno. ¡Tu capacidad para desempeñar tantos roles diferentes nos ha bendecido en gran manera! Desde las correcciones del libro hasta altas horas de la noche, hasta las rondas de café con leche, fuiste consejero, experto en tecnología y mucho más. Estamos agradecidas por toda tu ayuda y apoyo.

Stephen, Ellissa, Timothy, Rebekah y Suzanna… ustedes son lo máximo. Gracias por amarnos, alentarnos y encargarse de todos nuestros trabajos y deberes familiares durante este proyecto. Las galletas recién horneadas, las comidas caseras y las rondas de café nos mantuvieron vivas.

Michael y Jamie… sus constantes oraciones y sus deliciosas provisiones para el almuerzo fueron muy importantes. Bebé Hadley, tus dulces besos fueron irreemplazables.

Familia Clark… gracias por estar a nuestro lado al comienzo de este proyecto mientras nos esforzábamos por escribir el capítulo 1 en nuestro viaje a Colorado. Su constante aliento, oraciones y apoyo nos permitieron seguir durante los días solitarios de esta "reclusión".

Equipo de Oración de GirlDefined Ministries… sus oraciones tuvieron respuesta, y este libro es la prueba. Apreciamos a cada uno de ustedes.

Nicci Jordan Hubert… eres increíble. Gracias por invertir tu tiempo y energía en este libro. Hiciste que este proceso fuera divertido y, prácticamente, sin dificultad.

Rebekah Guzman… tu primer contacto con nosotras fue una

respuesta a años de oración. Gracias por ayudarnos a alcanzar este objetivo para toda la vida. No podremos agradecerte lo suficiente.

Baker Books... gracias por creer en nosotras y darnos esta oportunidad.

Erin Davis... gracias por responder decenas de preguntas y guiarnos en la dirección correcta.

Amigos que nos apoyaron en todo este camino... nos ayudaron a estar concentradas. ¡Los amamos!

KRISTEN CLARK está casada con su amor de la escuela secundaria, Zack, y es cofundadora de GirlDefined Ministries. Le apasiona promover el mensaje de la feminidad bíblica a través de blogs, conferencias en todo el país, consejería a mujeres jóvenes y estudios bíblicos en la sala de su casa. Es una joven de Texas, amante de la diversión, que adora estar al aire libre y comer chocolate negro cada vez que puede.

BETHANY BEAL está casada con su persona favorita en el mundo, Dāv. Es cofundadora del GirlDefined Ministries y coautora de *Una chica definida por Dios* y *El amor definido por Dios*. Le apasiona difundir la verdad de la feminidad bíblica a través de blogs, conferencias y consejería a mujeres jóvenes. Para su familia y amigos cercanos es solo una joven alta y rubia a la que le encanta organizar noches de juegos y beber batidos de frutas y que nunca se cansa de su perrito peludo.

Las hermanas Kristen Clark y Bethany Beal ayudan a las mujeres solteras de todas las edades a descubrir un enfoque radicalmente mejor para navegar en sus vidas amorosas. Cubriendo temas como el amor verdadero, el romance, las relaciones con propósito, la pureza, los límites, la soltería y cómo glorificar a Dios en cada etapa de nuestras relaciones, *El amor definido por Dios* desempaca el diseño original de Dios para el romance, mostrando a las mujeres modernas cómo experimentar lo mejor de Dios para ellas en sus relaciones.

¿Qué ocurre cuando la vida no resulta como siempre habías imaginado? ¿Cómo mantener la esperanza cuando las decepciones, los anhelos insatisfechos y los desvíos frustrantes llaman a tu puerta? Kristen Clark y Bethany Beal se han hecho estas mismas preguntas. En *Esto no estaba en los planes*, ellas abren sus vidas de la manera más directa y sencilla, compartiendo sus propios viajes a través de temporadas inesperadas de infertilidad, soltería, pérdida y desamor. Pero en medio de todo ello, han aprendido que la verdadera esperanza no viene de conseguir la vida que siempre soñaste, sino de confiar en Dios con la vida que tiene para ti y creer que sus planes son realmente buenos.

EDITORIAL
PORTAVOZ

## NUESTRA VISIÓN

Maximizar el efecto de recursos cristianos de calidad que transforman vidas.

## NUESTRA MISIÓN

Desarrollar y distribuir productos de calidad —con integridad y excelencia—, desde una perspectiva bíblica y confiable, que animen a las personas a conocer y servir a Jesucristo.

## NUESTROS VALORES

*Nuestros valores se encuentran fundamentados en la Biblia, fuente de toda verdad para hoy y para siempre. Nosotros ponemos en práctica estas verdades bíblicas como fundamento para las decisiones, normas y productos de nuestra compañía.*

Valoramos la excelencia y la calidad.
Valoramos la integridad y la confianza.
Valoramos el mérito y la dignidad de los individuos y las relaciones.
Valoramos el servicio.
Valoramos la administración de los recursos.

"Radical. Emocionante. Atemporal. Oportuna. Contundente. Hermosa. ¡La visión de Kristen y Bethany sobre lo que significa ser mujer es todo esto y mucho más!".

**Nancy DeMoss Wolgemuth**, autora exitosa, maestra
y presentadora en Aviva Nuestros Corazones

"Kristen y Bethany son excelentes ejemplos. Toda mujer necesita escuchar este mensaje. ¿Quién no se pregunta si es "suficiente mujer"? Este libro redefinirá lo que significa ser mujer".

**Dannah Gresh**, autora exitosa de *Y la novia se vistió de blanco*

"En una época donde las mujeres están confundidas sobre su valor e identidad, necesitan conocer desesperadamente que el único quc puede definirlas es Aquel que las creó. En *Una chica definida por Dios*, Kristen Clark y Bethany Beal muestran a las mujeres la verdadera definición de su valor y la libertad máxima que proviene de la feminidad tal como Dios la define. *Una chica definida por Dios* presenta acertadamente este tema. ¡Este libro es una lectura oportuna y necesaria para mujeres de todas las edades!".

**Marian Jordan Ellis**, fundadora de Redeemed Girl
Ministries y autora de *Sex and the Single Christian Girl*

"Este libro es para todas las mujeres que alguna vez se miraron al espejo y se preguntaron: '¿Soy bonita?'. Para todas las mujeres amantes del deporte, que evitan el rosa, y que alguna vez se preguntaron cómo podrían encajar en el molde de Dios para la feminidad. Para todas las mujeres con el anhelo secreto de llamar la atención a donde vayan. ¡Mujeres de Dios en todas partes, este libro es para ustedes!".

**Erin Davis**, autora, bloguera y oradora

"Los estándares superficiales de nuestra cultura están definiendo la belleza, la sexualidad, la identidad de género, el propósito y el valor. Sin embargo, dos jóvenes escritoras desafían valientemente el *statu quo* y llaman a las mujeres a aceptar la verdadera belleza y feminidad, tal como Dios la define. ¡Kristen y Bethany son increíblemente transparentes al invitarnos a conocer sus experiencias de vida y al mostrarnos cómo vivir el glorioso propósito que Dios tiene para nosotras como mujeres! *Una chica definida por Dios* es un libro con una investigación cuidadosa, que guía a las mujeres a pensar detenidamente en su propósito con un firme fundamento bíblico".

**Kimberly Wagner**, autora de *Fierce Women*

"A las mujeres de hoy se les dice que su valor es sexual, que tienen valor por su belleza y que deberían usar su apariencia para ganar poder sobre los hombres. Rara vez un libro tan posicionado como este logra contrarrestar las mentiras seculares. El testimonio de dos mujeres que tuvieron todas las oportunidades de ir tras la feminidad mundana, pero que, en cambio, eligieron la feminidad bíblica, no tiene precio. Después de leer las exhortaciones y las historias inspiradoras que nos llegan al corazón, casi podrás ver a Rut, Ana, María y muchas otras llamar a una generación de mujeres y convocarlas a enfrentar a Satanás y buscar a Cristo".

**Owen Strachan**, presidente del Council on Biblical Manhood and Womanhood y autor de *The Colson Way*

"Cada mujer tiene que forjar su propia identidad en medio de mensajes tentadores y presiones culturales. Muchas titubean y fracasan. Kristen y Bethany vienen al rescate en *Una chica definida por Dios* no solo con una enseñanza bíblica y una guía sólida, sino también con la historia de sus propias experiencias personales con el excelente diseño de Dios para la mujer".

**Margaret Köstenberger**, doctora en Teología, autora de *Jesus and the Feminists* y coautora de *God's Design for Man and Woman*

"*Una chica definida por Dios* desafía a las mujeres a cuestionar lo 'normal' y a repensar lo que, en definitiva, les traerá mayor satisfacción en la vida. (Advertencia: ¡No es necesariamente lo que les han hecho creer!). Aprecio el coraje, la vulnerabilidad y la compasión que Kristen y Bethany tuvieron al iniciar un debate tan necesario sobre la identidad".

**Jessie Minassian**, residente "hermana mayor" en LifeLoveandGod.com y autora de *Crushed*, *Sin avergonzarse* y *Backwards Beauty*

"En un mundo donde la feminidad se define cada vez más por la forma del cuerpo, las marcas conocidas, los novios, el tamaño de los senos, los consejos de belleza y las costumbres sexuales obscenas, alguien necesita defender la visión bíblica de la verdadera belleza, y pocos lo hacen tan bien como Kristen y Bethany".

**Luke Gilkerson**, autor de *La charla: 7 lecciones para introducir a tu hijo a la sexualidad bíblica*

"En *Una chica definida por Dios,* Kristen y Bethany hacen un llamado de atención a todas las mujeres jóvenes de esta generación: Dejen los intentos interminables y poco satisfactorios de autodefinición, y adopten y confíen en el excelente diseño original de Dios. Profundo, bíblico y escrito con pasión y convicción, *Una chica definida por Dios* alienta a las mujeres a dejarse definir por Dios, lo que redunda en la esperanza, la libertad, el propósito y la satisfacción que todas anhelamos".

**Theresa Wigington Bowen**, esposa, madre, fundadora de A Candle in the Window Hospitality Network y colaboradora en *Women in the Church*